日本を貧しくしないための経済学

ほんとうにだいじなお金の話

上条 勇
Isamu Kamijo

ナカニシヤ出版

はしがき

わたしは、テレビのニュースやバラエティ番組などに出る経済評論家の話はおもしろいのに、あなたの経済の話はつまらない、とよく妻に言われる。わたしがテレビの話を解説しようとすると、妻はいやがる。そして評論家たちの話にじっと聞き入ろうとするのだ。これは、経済の専門家を自認するわたしにとって、まことに悔《くや》しい話だ。

確かにお茶の間で見るテレビのバラエティ番組や評論家の話は、視聴者への受けをねらっていることもあり、わかりやすくておもしろいのかも知れない。しかし、経済学の専門家の目から見ると、〝何かが違う〟と感じてしまう。その話が事実を語っていないというわけではない。ただ事実の一面だけを見ているか、かなり表面的な説明に終わっているように見える。失礼ながらその多くは、わたしから見れば、太陽が地球のまわりをまわっている、と説明するようなものだ。これはじつにわかりやすく、われわれの現実の感覚に訴えるものである。しかし、ほんとうは地球が太陽のまわりをまわっている。評論家たちの話を聞くにつけ、わたしは、こうした真実を、わかりやすくかつおもしろく読者に伝えたいと思うようになった。

読者は、この世の中は少しおかしいと思うことがないだろうか。こんなに科学技術と生産力が発展し、モノが豊かになってきているのに、われわれの多くはかえって貧しくなっている。また、かえって忙しく働かなければならなくなり、生活のゆとりも失われてきている。よく格差社会の拡大とかワーキングプアの増加、ブラック企業とかブラックバイトの問題が取りざたされる。これだけモノが豊かになり、あふれているのに、これはほんとうにおかしな話だ。その理由はいったい何なのだろうか。

ズバリ言って、わたしは、世の中お金が人間を支配しているという事実にその理由があると思う。普段われわれは、お金を自由に使い、これで好きなものを買っていると思っている。しかし、お金を必死に追い求めているうちに、われわれはお金に振りまわされるようになる。その中で、おかしな現象がいっぱい出てくるのだ。読者は、われわれがお金を使っているのではなく、じつはお金がわれわれを使っていると感じたりすることはないだろうか。

お金は、「この世界の住人」を何と見ているのだろう。お金ゆえに、人間は詐欺《さぎ》をおこなったり、殺人を犯《おか》したりして人間性を失っていく。お金をめぐる相続争いの前には、肉親の情なんか吹っ飛んでしまう。企業はお金をいっぱいかかえているのに、これをなかなか人間と社会のために使おうとしない。人件費削減《さくげん》と称して、ワーキングプアなど貧しい人々をかえって増やしてしまう。

本書は、人間の思いがいっぱい詰まっているお金というものを見つめることによって、世の中の動きを解き明かしていく。お金を中心にすえると、経済のいろいろな動きが見えてくるのであり、その動きをかなり統一的に理解できる。おそらくここまで踏み込んで話をする評論家は、ほとんどいないだろう。本書は金もうけの仕方を教えるものでは決してないが、お金の話がいっぱい詰まっている本である。全編お金の話がつらぬいていると言っても言い過ぎではない。

この世では、人も企業も国もお金を求めて一喜《いっき》一憂《いちゆう》する。そしてお金に振りまわされる。本書では、こうしたお金の視点に立って、日本の今を読み解き、将来について語る。

なお、本書の執筆にあたって、広範な読者層を対象にして楽しく読んでもらうために、小説よりおもしろい経済学書を書くことをめざした。じつは、高校時代のわたしの夢は小説家になることであった。しかしどういうわけか大学に入って歩いている道が曲がり、経済学者になってしまった。大学院時代、決して文章に感情をこめてはならないと鍛《きた》えられた。今やわたしも大学院生にそう教える立場である。無味乾燥《むみかんそう》な文章でつづる経済学の専門論文・専門書ばかり書かざるをえない。その反動もあって、ユーモアを駆使しつつ、もっと自由な文章で本書を書きたいと思ったのである。

本書がほんとうに小説よりおもしろいのか、読者の判断を待ちたい。

二〇一四年十二月三日

上条　勇

日本を貧しくしないための経済学

――ほんとうにだいじなお金の話――

＊

目次

【コラム一覧】

■第1章

■第2章

■第3章

日本を貧しくしないための経済学

——ほんとうにだいじなお金の話——

第1章　お金は逆立ちして踊る

1　ああ金の世や金の世や

†　この世で頼れるもの

一人暮らしの高齢者《こうれいしゃ》がアパートで孤独死《こどくし》した。ふとんの下から出てきた預金通帳には四〇〇〇万円もの預金があったが、身寄りがなかったので全額国庫に吸収された。

くわしい日付とか文面は覚えていないが、昔このような新聞記事を読んだことがある。四角く囲った小さな記事であったが、妙に印象に残った。孤独なこの高齢者は、この世で頼れるものはお金だけと思い、身をけずる思いまでして必死に貯めたのだろう。そのあげくの果てに日本の財政再建にわずかながら貢献《こうけん》することになろうとは夢にも思わなかったに違いない。似たような話は数多くあるだろう。わが国では相続人がいなくて国庫に入った財産総額が二〇一二年には三七五億円にのぼっている（「朝日新聞デジタル」二〇一三年九月二十二日付の記事より）。

この世で頼れるものはお金だけという思いは誰しもいだくことではないだろうか。戦前の日本では「ああ金の世や」という歌がはやった。最近ではお金がすべてという風潮《ふうちょう》がますます高まっている。ホリエモンといわれた堀江貴文ライブドア社長（当時）は「お金で買えないものはない」と言った。「金もうけしてなぜ悪い」と叫んだ村上ファンド代表もいた。子どもの夢とか出世を語る時、昔は〝末は博士《はかせ》か大臣か〟とよく言われたものだが、今では〝末は金持ち、大金持ち〟と言うのではないか。昨今《さっこん》の拝金《はいきん》主義の風潮にたいして、わたしもヘボ句をつくってみた。

ひぐらしも　カネカネカネと　鳴く世かな

念のためにネット・サーフィンをしてみたが、ひぐらしがカネカネカネと鳴くとは、誰しも考えることらしい。似たような句もある。たとえば、「蜩《ひぐらし》も　カネカネカネと　利子追われ」（baedz）という句があった。「カナカナカナと鳴くのはヒグラシ　カネカネカネと泣くのはソノヒグラシ」というようなつぶやきもネットに転《ころ》がっている。

コラム 1-1

相田みつをさんのひぐらしの詩

もちろんこのように取り扱うと、ひぐらしは心外《しんがい》に思うかも知れない。ひぐらしの名誉《めいよ》挽回《ばんかい》のために言うが、相田みつをさんの詩「ひぐらしの声」は、ひぐらしの声のしみ入る哀しさを伝えている。「ああ　今年も　ひぐらしが鳴き出した」ではじまるこの詩は、ひぐらしの声において戦争で子どもを失った母の悲しい声、父のさびしい声を伝えている。戦争は、多くの母を、多くの父を悲しませる。相田みつをさんの次兄であるゆきお氏は、憲兵《けんぺい》であったが、「戦争というものは人間がつくる最大の罪悪だ」と語っていたという（相田みつを美術館館長相田一人氏の話による）。

†　電子信号としてのマネー

今日頼れるものと言われるお金のほとんどは電子信号の世界をなしている。少し前に、ビットコインにおける不正が問題となった。Suica（スイカ、JR東日本発行）などの電子マネーが登場している。ふつうプリペイドカードと言われているものは、電子マネーである。また企業間取引は、通例信用（手形取引など）でなされる。現金は、おもに買い物などで使われているにすぎない。これだってクレジットカード、電子マネーに侵食《しんしょく》されているのだ。

それでもわれわれは一万円札を見るのは楽しく、それが自分の財布の中にあると、もっとうれしい。

電子信号がお金となるのは、その背後に福沢諭吉《ゆきち》さんがどっしりとすわっているからだ。やっぱり現ナマが一番である。

そこで、紙切れがお金になったという紙幣《しへい》の物語からはじめよう。

コラム 1-2

ビットコインの世界

ビットコイン（Bitcoin）とは、インターネット上に作られた仮想《バーチャル》通貨である。通貨の単位は、BTCである。現在、世界にある数十か所の取引所において買うことができる。日本円でも買える。値動きが激しく、投機の対象にされている。また、銀行などの金融機関をとおさないので手数料がほとんどかからないから、ネット上でビジネス取引の決済《けっさい》にも使われている。

通貨として通用する上でのビットコインの信用は、「セキュリティ」にある。このセキュリティを破って偽物を作ったり、盗むことができないというのが唯一の信用だろう。

ところが二〇一四年二月東京に本社のある取引所「マウントゴックス」で不正アクセスがあり、八五万枚のビットコインが紛失《ふんしつ》した。この時ビットコイン一枚五五〇ドルだったから日本円になおすと五〇〇億円ほどの損失だ。「マウントゴックス」は経営破綻《はたん》した。この事件で一時期ビットコインは後退したが、また復活してきている。楽天もこれを取り扱う予定だ。

†　頼れるものは紙切れか？

確かに電子信号にくらべて一万円札としてのお金は頼りがいがあるものである。一万円札を布団の裏にいっぱい敷《し》きつめて寝て、使わないでとうとう死んでしまった人もいるという。

しかしよく考えると、この世で頼れるものであるお金が紙切れでは少し心もとないのではないか。昔、明治維新《めいじいしん》政府が明治元年に、お金として「太政官札《だじょうかんさつ》」を発行したが、庶民は受け取りをいやがったという話もある（三上隆三『円の社会史』中公新書、「はじめに」）。

じつは紙切れがお金として流通するのは、これにたいする信用があり、信頼揺るぎない場合である。紙幣というものは、国家の信用と国家による強制通用力によって流通する。たとえば日本では国が「法定通貨」として円を使うことを法律で定めている。われわれ日本人は国内で円を使うしかない。また偽札《にせさつ》をつくることは悪質な犯罪である。そればかりか千円札や一万円札をハサミでちょん切ると、法に反する。これも立派な犯罪である。

国が健全な財政を維持し、財政の赤字をお金の乱発で埋めようとしないかぎり、紙幣にたいする信頼は揺るぎない。それとは反対に国にたいする信頼が薄いところでは、貴金属が好まれる。革命とか敗戦によって国家がくつがえるのを歴史的に経験したフランス人には、貴金属・宝石志向が強いと言われている。貴金属・宝石は、外国に逃げる場合に便利でもある。最近では中国人のあいだで金《きん》人気が高まっている。

先進国中最悪の財政危機をかかえ、アベノミクスと称して日銀が国債を買いまくっている日本では円にたいする国民の信頼がなおも揺るぎない。いったいこれがいつまでつづくのだろうか。なお国家と紙幣にたいする信頼喪失《そうしつ》はまずはインフレの加速化においてあらわれる。そしてそのあげく紙幣はただの紙切れに一歩一歩近づいてゆくのである。

コラム 1-3

ドイツの天文学的インフレーション

第一次大戦後ドイツは天文学的なインフレーションに襲《おそ》われた。工場ではトラックで札束を積んできて賃金が支払われる。受け取った賃金はかたわらで待っていた主婦たちにすぐに渡される。主婦たちは近くの店に駆《か》け込むという光景が見られた。ぐずぐずしているとすぐに物価が上がってしまうからだ。あるいは手押し車に札束《さつたば》を積んで買い物をするという光景も見られた。

わたしは、子どもの時切手収集をしたが、五〇〇〇マルクなどゼロがたくさんついたドイツの切手を手にして、すごく高そうだと思ったことがある。じつはこれはインフレ時代の切手である。なかには元の切手の上に、より高額の数字をスタンプで押した切手もあった。加速的なインフレに切手の印刷が間に合わなかったせいである。

マネーが崩壊《ほうかい》した経験をもつドイツは、第二次大戦後、神経質なほど物価の安定をめざした。強いマルクは、ドイツ市民にとって戦後ドイツの経済的復活のシンボルだった。だからEUが単一通貨ユーロをめざした時、ドイツ市民の多数はマルクをなくすことに反対した。ドイツ政府は結局ユーロに加わるのだが、この時EUに対してマルクのように強いユーロをつくるという注文をおこなった。

† ゴールド・イズ・ビューティフル

昔は、お金は金銀であった。やはり頼れるものは、それじたい価値をもつ貴金属でなければならなかった。少し歴史的に見てみると、ヨーロッパではお金である金銀が富であると考え、国をあげて一生懸命《いっしょうけんめい》これらを集めるという時代もあった。貿易の黒字で金銀を集めるという、いわゆる「重商主義」が一時代を支配した。

一四九二年にコロンブスが新大陸（アメリカ）を発見した頃からの歴史的時代を「地理上の発見の時代」とか「大航海時代」と言う。この時コロンブスは、新大陸を直接めざしたのではない。じつは彼の目的地は、黄金《おうごん》に光り輝くというジッパング、すなわち日本であった。その最大の目的は金《きん》の獲得であった。彼は地球が丸いと考え、スペイン海岸からまっすぐ西にいくことが日本への最短距離であると思った。当時、海は平面をなしていて、その果てでは滝のように奈落《ならく》の底に落ち込んでいると広く考えられていた。コロンブスは、たいへん進歩的な人で、この迷信《めいしん》を振り切って航海の旅に出た。そして、途中で新大陸にぶつかったというわけである。

新大陸からはトマト、トウモロコシ、トウガラシ、ジャガイモ、タバコなどいろいろな珍《めずら》しいものがもたらされた。中でもジャガイモは人間を飢餓《きが》から救い、タバコが喫煙《きつえん》という死の習慣をもたらした。新大陸で銀山が開発され（世界遺産となったボリビアのポトシ銀山が有名）、大量の銀がヨーロッパに流れ入った。その結果金《きん》にたいして銀の値が大幅に下がったのである。

われわれは目を日本の幕末《ばくまつ》に転じてみよう。幕末にヨーロッパから多数の冒険商人たちがやってきた。彼らは、日本では金との交換比率で、銀がヨーロッパよりはるかに高いという事実に注目した。ヨーロッパから銀を運んできて日本でこれを金と取り換えるとボロもうけできたのである。こうして幕末に日本から膨大《ぼうだい》な金が海外に流出した。

コラム 1-4

記念金貨のお話

金《きん》がお金をなしてきたという事実を示すものとして、今もなお時々記念金貨が発行される。たとえば昭和天皇の在位六十年を祝って一〇万円記念金貨が発行された。この金貨は一九八六年から八七年にかけて合計一一〇〇万枚、金額にして一兆一〇〇〇億円発行された。あまりにも発行枚数が多いから、お宝鑑定団に出してもがっかりすることになろう。金貨の一〇万円のうち金素材の価値は四万円で、残り六万円（したがって合計六六〇〇億円）が国庫収入となった。なおその時偽《にせ》金貨も出現したという。

† 円という名前はいかに生まれたか

江戸時代では、もちろん小判とか一分《いちぶ》銀《ぎん》と言われるごとく、お金は金銀であった。大阪ではよく銀が使われ、江戸では金が使われた。こうして金銀相場が生まれた。一両とか銭一貫目《ぜにいっかんめ》と言うように、お金の重量単位が価格をなした。価格とは、商品の価値をお金の重量単位（あるいは特別な重量単位）で表現したものとして登場した。

日本で使われているお金は、言うまでもなく円である。円というお金の呼称《こしょう》は、明治四年（一八七一年）に明治維新政府が発布した新貨条例によって誕生した。条例には、「新貨幣ノ呼称ハ円ヲ以テ起票」とする（新しい貨幣の名前は円とする）と書いてある。この一円は、純金で一・五グラム（〇・四匁《もんめ》）をあらわした。一円は、この金の量目《りょうめ》をあらわす特別な重量単位であったと言える。

ここでなぜ日本で円という名称が使われるにいたったのかについて話そう。これには説が分かれる。よく取り上げられるのは、時の大蔵卿《おおくらきょう》（財務担当参議）であった大隈重信《おおくましげのぶ》の次のようなエピソードである。新貨条例に二年先立つ議事院上局《ぎじいんじょうきょく》の貨幣会議で大隈卿は、宮家・公家たちを前に、子どもでもわかるように親指と人差し指でゼニの丸を描いた。ここから円がはじまった。

もっともこれは俗説であるという。一番有力なのは中国からの渡来《とらい》説である。中国はヨーロッパ諸国に半植民地にされたのだが、大量の洋銀つまり西洋の銀貨が流入した。この洋銀は丸いから円と言いあらわされた。つまり洋銀一枚＝一円と。この円という呼び名が幕末のハイカラな志士や進歩的な商人のあいだではやった。彼らの日誌には、小判一両と書く代わりに一円と書かれた。たとえば近江《おうみ》屋《や》事件で坂本龍馬といっしょに暗殺された中岡慎太郎は、『行行筆記《ぎょうぎょうひっき》』で、「五〇円内　五円　高木に遣《つか》わす」とか書いている。新貨条例制定の前に円はすでに広く使われていて、明治政府はこれを採用したという（参照、三上隆三『¥の歴史学』東洋経済新報社、二〇〇一年）。

ちなみに新貨条例とともに明治政府は、金本位制《きんほんいせい》を採用した。それ以来政府は兌換紙幣《だかんしへい》（金との交換約束をする紙幣）の発行を試みた。たとえば昭和五年（一九三〇年）に発行された兌換紙幣一〇円札の表面には、「此券引換《このけんひきかえ》に金貨拾圓相渡《きんかじゅうえんあいわたし》可申候《べくもうしそうろう》」（この券と引き換えに金貨十円を渡します）と書いてある（「三重県立博物館」のホームページより）。これは、紙幣ないし銀行券が「金《きん》の代理人」として発行された事実を示している。やはりこの世で頼れるものは金《きん》でなければならなかった。ところが日本は昭和不況に直面して一九三一年に金本位制から離脱《りだつ》した。それ以来金との兌換は復活していない。

コラム 1-5

日銀券のコストは？

日本の紙幣すなわち日銀券は、独立行政法人国立印刷局（旧大蔵省造幣局《ぞうへいきょく》）が印刷製造する。一万円の製造費は約一九円であると言われる。印刷局から日銀は一万円札を二二・二円で買い取って発行するのである。読者は、一万円の素材価値が二〇円ほどであると聞いて、少しがっかりするかもしれない。だからこそそれがたんなる紙切れにならないように、国家は財政の点で品行方正《ひんこうほうせい》でなければならない。なお日銀券は、通例日銀が市中銀行に貸し出す形で流通に投ぜられ、市中銀行からの返済によって日銀にもどってくる。これを流通にまた投じる時に古いのを新品に取り替える。日銀券が常に新しく置き換わるのは、この「銀行券還流《かんりゅう》の法則」による。

---

† それでもわれわれは紙切れに夢をたくす

こうしてわれわれは不換紙幣《ふかんしへい》（ないし不換銀行券）を使わされるようになった。そしてこれを現ナマとか現金と呼ぶ。紙切れは、われわれの心の中で、頼れるものになってしまった。

だからこそ政府はしっかりと円の信頼を維持する必要があるのである。信頼の喪失《そうしつ》は、財政赤字を埋めるためにお金をジャンジャン発行することから生ずる。だから日銀による国債の直接引き受けは、財政法第五条で禁止されている。このこともあって一九七〇年にいたるまで日本の財政は超健全財政であった。

ところが一九七三年の第一次石油危機以降日本の国債は急速にふくらんでいった。当時の経済不況を乗り切るために、公共投資を増やし、財政の三分の一を国債の発行でまかなうにいたったからだ（国債残高の推移については、本書一六頁を参照）。

当時財界人を前に、〝わたしは花咲爺《はなさかじじい》、枯れ木に花を咲かせます、ジャンジャンお金を使ってください〟というようなことを言った政治家がいたとかいないとか。あるいは時の経団連会長の土光敏夫氏が、石油危機後の景気対策として財政支出の拡大を要請したという話もある。当時煮《に》え切らない政府を一喝《いっかつ》して「土光さんでなく怒号《どごう》さんだ」と言われたとか。ちなみに同じ土光氏は、一九八一年の行財政改革で行革臨調会長に就任し、財政危機の原因が公務員天国、官費天国、政府の放漫《ほうまん》財政にあるとして大鉈《おおなた》をふるった。一九八二年七月二十三日のNHK特集でそのつつましやかな生活が映し出され、「昭和の水戸黄門」として国民のあいだに人気を博《はく》した。

† 紙幣は元の紙切れに近づくかも

こうして毎年のごとく国会で財政法の特例として赤字国債の発行が法律で制定された。現在（二〇一二年）国債累積残高《るいせきざんだか》は八〇〇兆円を超え、国と地方を合わせた政府の借金は一一〇〇兆円を超えるにいたった。アベノミクスでは「異次元金融緩和《きんゆうかんわ》」と称して日銀が国債をどんどん購入してマネーを投入している。確かに国債の直接引き受けは禁止されているが、発行後一年たった国債は、日銀が民間から買い取ることができる。日銀の国債保有額は、とうとう二〇〇兆円（国債累積残高の四分の一）を超えるにいたった。

今のところこうして増やされるお金のかなりは、使い道がなくて日銀への預金（「日銀当座《とうざ》預金」）として日銀に吹きだまっている。ムダに増えるこの預金のことを、通例「ブタ積み」と言う。あるいは、あふれるお金は、資産インフレ（株高）をもたらしている。消費者物価も上がってきているが、それは、庶民の懐《ふところ》が豊かになってたくさんモノを買うようになったという理由からではない。消費者物価の上昇は、円安によって原材料購入費が高くなるという輸入物価の上昇と消費増税をおもな原因としている。政府が目標とした物価上昇率二％をはるかに超え、生鮮食品を除いた上昇率は二〇一四年七月三・三％に達している。にもかかわらず日銀が財布の紐《ひも》を引き締《し》める気配はない。

わたしは、政府がインフレをもてあそんではいけないと思う。またこれをコントロールできるのか心配している。物価を抑えるよりも経済成長を優先して、日銀が国債を買い取りつづけることも考えられる。賃金と物価の追いかけっこ（「賃金・物価スパイラル」と言う）がはじまり、また「インフレ心理」が働き出すと、もう何が何だかわけがわからなくなる。こうなると、紙幣（日銀券）は元の紙切れに一歩近づく。

コラム 1-6

国債――わが亡き後に洪水来たれ！

国債とは、政府の借金の証文（債券）を意味する。基本的には返済期限の長さに応じて種類が分かれる。日本国債では次のように分類される。

「短期国債」（六か月債、一年債）
「中期国債」（二年債、三年債、五年債）
「長期国債」（十年債）
「超長期国債」（十五年債、二十年債、三十年債、四十年債）

金融市場の指標の一つをなす「長期金利」とは、十年物長期国債の「利回《りまわ》り」を意味する。ここで注意しておくが、この「利回り」と、国債債券に書かれている一年分の「利子率」とは違う。「国債利回り」とは、その時々の国債価格でどのくらいの利益を得られるのかを示したものである。国債は市場で売り買いされ、国債価格がつけられる。この国債価格は、国債債券に書

かれている最初の金額すなわち「額面」から離れて変動する。そこで「国債利回り」は、

国債の定める利子÷国債価格

という形で計算される。たとえば国債の利子率が四%で、国債価格がその「額面」の二倍であるならば、「利回り」は二%となる。「利回り」は、国債価格が上がると低下し、反対に国債価格が下がると上がる。

国債は、もちろん政府の借金だから、償還《しょうかん》期限がきたら政府はこれを返さなければならない。ところが政府はこれまで、「借換国債《かりかえこくさい》」なるものを発行して借金返済を引き延ばしてきた。たとえば、二〇一四年度の国債発行額は約一八〇兆円となる。そのうち四分の三以上が「借換国債」である。借金返済引き延ばしによって国は倒産しないが、その代わりに国債残高が雪ダルマ式にふくらんでいく。これは借金のつけを将来の世代にまわしていくことを意味する。

この日本の国債残高を歴史的に少し振り返ってみると、驚くべきことに一九六五年まではゼロだった。一九六五年に不況に直面してはじめて国債が発行される。それでも一九七〇年までは、その残高は三兆円と「超健全」であった。

転機は一九七五年にやってきた。この年の新規国債発行額が一挙に約五兆円に跳ね上がった。第一次石油危機後に生じた深刻な不況に対処するためであった。その後国債残高が急速にふくらんでいく。一九七八年には新規の国債発行はとうとう十兆円を超える。一九八二年鈴木善幸首相（当時）は、ついに「財政非常事態宣言」を発するにいたった。こうして日本の行財政改革が本

格的にはじまったのである。もっとも一九八一年の国債残高は八二兆円程度であった。今日の約八〇〇兆円（二〇一二年度末、地方の借金を併《あわ》せた政府債務残高では約一一〇〇兆円）とくらべるとかわいいものである。当時の国債残高は、今日の「新規国債」発行のわずか二年分にすぎない。

一兆円を一万円札で積むと富士山の二倍以上の高さになるという。今日国債残高が八〇〇兆円だから、いったいどんなことになるのだろう。日本列島は、上から崩《くず》れ落ちてくる一万円札で、大洪水に襲《おそ》われるかも知れない。

景気後退と不況のたびに国債が急激に増える。またアベノミクスは、放漫《ほうまん》財政であるとも言え、公共土木事業を増やして国債も増やしている。日本の国債残高が一〇〇〇兆円を超すのも時間の問題である。民間ならばとっくの昔に倒産しているという話だ。

最近では、国債を買い支える元手をなす日本の個人金融総資産（現在約一六〇〇兆円）を、国債残高が超すのもそう遠い未来の話ではないと、「日本国債崩壊説」が取りざたされている。一万円札がタダの紙切れになったらどうしようと、庶民《しょみん》も落ち着かないことだろう。

2　お金の力は不思議なり

†　奈良の大仏は黄金で光輝いていた

昔修学旅行で奈良に行ったことがある。奈良公園で鹿にせんべいを与えた記憶がなつかしく思い出される。当然東大寺の奈良の大仏も見学した。その大きさには驚かされた。全身こげ茶色で風格があった。ところがガイドは言う。〝あそこにまだらになっているのは金箔《きんぱく》の名残《なごり》です〟。つまり奈良の大仏は昔黄金《おうごん》で輝いていたのである。全身に金箔がはられていた。全部で六〇キログラムの黄金を使ったという。

奈良の大仏は、七五二年に聖武《しょうむ》天皇が、はやり病や貴族の反乱といった世情不安にたいして平安を祈って建立《こんりゅう》したと言われる。われわれは、当時仏教が国教をなし宗教的権威《けんい》をなしていた事実に注目したい。この宗教的権威（ありがたみ）を黄金であらわしたのである。昔の仏像は、今見ると、古色蒼《そう》然《ぜん》たる趣《おもむき》でわれわれの芸術心をそそるが、黄金にくるまれていたのも結構多い。「仏の後光《ごこう》も黄金の輝き」というところか。

「地獄の沙汰《さた》も金《かね》次第」という言葉がある。読者はこの後に「阿弥陀《あみだ》も金《きん》で光る世の中」という下《しも》の句がつづくのを知っているだろうか。ちなみに昔お金は金《きん》であったのである。黄金は、政治的権威、宗教的権威、富の象徴をなした。富の象徴としてお金となった。金《きん》は、少量で多くの価値を含み、腐食しにくく、分割しやすい。だから数ある商品の中から富の価値を表現する特別の商品として、お金に選ばれたのである。そしてお金に選ばれた途端《とたん》、不思議な力を発揮するにいたった。

仏像の姿をしてなくとも、人々はお金の金《きん》にたいして跪《ひざまず》き、拝む。金《きん》という実体を失ったあともこれがつづく。むしろ現代にこそ、拝金主義は蔓延《まんえん》している。金《きん》の輝きを失っても人々の心を虜《とりこ》にするお金である。お金ゆえに人は殺人を犯し、オレオレ詐欺を犯す。友情や恋愛もお金に裏切られることがある。お金には人間の、人生の喜怒哀楽《きどあいらく》がいっぱい詰まっている。お金にはどうしてこのような不思議な力があるのだろうか。

† お金の力

世の中お金が支配している。お金は人を動かし、政治権力を動かす。「学問の府」と言われた大学でさえ動かす。日本の大学では、どれだけ外部からお金を獲得したかが教授昇任の要件をなすようになってきている。権力とは人を使い動かす力である。お金は、その意味で権力の源泉《げんせん》である。

ところが、経済学の多くのテキストを紐解《ひもと》くと、お金は交換の便利な道具であると書いてある。消費者の要求を伝える投票用紙のようなものであるとか、経済の循環《じゅんかん》をスムーズにする血液のようなものであると書いてある。昔、〝経済学の父〟として有名なアダム・スミス（一七二三－一七九〇年）は、こう言った。市場で人々が物々交換をするとすれば、お互いに必要とするものを見出すのはむずかしい。なかなか交換が成立しない。賢《かしこ》き人は、物々交換のこうした不便さを解消するために、誰もが受け取る道具すなわちお金を生み出した（『諸国民の富』Ⅰ、大内兵衛訳、岩波書店、九三－九四頁）。

しかし、現実にはお金は人間を支配し、振りまわす。お金を獲得することが人間の自己目的化する。経済学の教えとわれわれの現実感覚のあいだには大きなズレがある。やはりお金は、魔力と言ってもいいほど魅力的な力をもつ。

† お金と戦った人々

昔、トーマス・モア（一四七八－一五三五年）という人物が、お金が支配する現実を批判し、この現実をなくしたユートピア（理想郷）を描いた。このユートピアでは、便器は黄金でできている。つまりお金をなしてきた黄金には人間の下《しも》のものを処理する卑《いや》しい役割が割り当てられたのである。

『資本論』の著者であるカール・マルクス（一八一八－一八八三年）は、お金の支配をなくすことをひとつの目的として社会主義を唱《とな》えた。旧ソ連の建国の父であるレーニン（一八七〇－一九二四年）は、共産主義においてお金の廃絶《はいぜつ》を考えた。彼は、ロシア革命においてお金の乱発がすさまじいインフレーションを生み出し、お金の価値を減価《げんか》していった現実を、お金の廃絶への道として歓迎した。ところが彼の意に反して、ロシア経済の大混乱が生じてしまった。レーニンは、そうとも言っていられなくなり、お金の価値の安定に乗り出さざるをえなかったのである。

われわれは、お金に対する批判者たちから次のことを学ぶことができる。どうもお金の支配している現実は、市場経済そして資本主義というシステムと密接に結びついているようである。

† 不確実な世の中とお金の役割

市場経済においては、人々は自分のもっているものを売って、必死にお金を手に入れようとする。資本主義においては、企業が必死に利潤《りじゅん》追求、くだいて言えば金もうけに走っている。むしろ企業は金もうけを目的とする存在である。人間はこの金もうけに奉仕し、そのことによって生活の糧《かて》を得る。

お金が人間を支配する事実は、このシステムから生まれる。抽象的な説明になるが、資本主義的市場経済のこの事実を理解するために、少し経済学理論の話をしよう。

よく経済学では、情報を的確に処理し合理的に行動する経済人（ホモ・エコノミクスと言う）が想定される。そこでは的確で合理的な個人の行動は、その合計として経済全体の合理的な結果をもたらすと説明される。経済学の中には、個々人がすべてを見通して行動するという見解もある（「合理的期待形成仮説」）。人間はそこではスーパーマンとなる。

経済学では、このような考えから、市場経済はすばらしいと、よく讃《たた》えられる。この考えのもとに、お金が交換の便利な道具であると説明される。つまり、お金には、すばらしい市場経済を支え補完する役割が振り当てられる。お金はそれ以上の特別な意味をもたない。

しかし、すぐに浮かぶ疑問だが、実際に人間はそんなに合理的な存在なのだろうか。われわれ人間は自分のこともよくわからないのだが、その人間の合計である社会もよくわからない動きをする。市場経済とはもちろん計画経済ではない。自分の利益を求め、自分の思惑で行動する個人のバラバラな「粒子的」行動からなる。バラバラな粒子の運動は、不確定な動きをするのではないか。地震が起きるように、経済の突然の変化も生ずる。誰でも事業を企てる時、これが確実に成功するとは予見できない。事業はリスクをともなう。むしろ危険がいっぱいだ。われわれは、見込みで生産をおこない、作ったものが売れてはじめて、うまくいったと胸をなでおろすのである。

市場経済とは、個々人が自分の利益を追求して見込み生産をおこない、作った商品が売れてはじめて、その成否が事後的に確認されるシステムである。「売れてはじめて」と指摘したが、そこではお金との「交換」が決定的な意味をもつ。

† われわれはお金に自分の運命を委ねた

お金との交換に際してわれわれは、まず商品の値段をつけて、自分の仕事の成果がこの値段だけ世のために役に立つものだと、社会に向けて「アッピール」をする。しかし売るのは難しい。とくに営業マンは、お金が向こう岸に離れて立っていると感ずる。問題は、お金がこの「アッピール」を聞いて、こちら側に来てわれわれの懐《ふところ》に飛び込んでくれるかどうかだ。来てくれなければ、それこそ「おマンマの食い上げ」である。そういう意味で自分の商品とお金との交換には、命がかかっているのである。

ここではお金は、自分の利益を追求するバラバラな個々人の私的行動の成否を決定する「判定者」を意味する。売れてはじめて個々人は、自分が他人の利益にかない社会の利益にかなうことをやったとわかる。売れなければ社会的にムダなことをしたのであり、商品はゴミも同然《どうぜん》である。清涼飲料なら排水口に流れることになる。この意味でお金は、個人の向こう側に立ち、「社会を代表して」その行動の成否を判定するのである。

つまりお金は、個々の商品が、実際に価値があるかどうかを決める「社会的判定者」である。商品がお金と交換されないと、個々人は生活の糧《かて》をえることはできないし、生きていけない。だから市場経済においては人間の運命はお金によって左右されるにいたった。

封建時代においては領主、家臣、農民といった身分秩序が経済の秩序をも決める。計画経済では計画にそって経済が運営される。市場経済からなる資本主義においては、バラバラな個人からなる経済を全体的に統括《とうかつ》するものはお金である。そういうものとして人間は、富の象徴《しょうちょう》ともいうべき金《きん》をお金に選んだ。金《きん》はやがて紙に置き換えられた。資本主義においては、人間は身分に支配されることはなくなったが、お金というモノに運命を委《ゆだ》ねるにいたったのである。

コラム 1-7

大学祭でのお汁粉屋さんの話

お金は、不確実な世の中において、捕《と》らぬ狸《たぬき》の皮算用というか、見込みでおこなわれる個人の働きが社会の一環をなし、社会に役立ったかどうかを事後的に判定する役割を果たす。販売とは自分の働きが社会に役立つものだと認めてほしいと訴《うった》える行為である。そして売れてはじめてこのことが確認されるのである。わたしは、大学の講義でよく次のような話をする。

大学祭では、イカめし、クレープ、たこ焼きなどを売るテントがならぶ。甘党の女子学生であるA子さんとB子さんは、自分たちがおいしいと思うのだから絶対に売れると思い、お汁粉屋《しるこ》さんをはじめた。大鍋《おおなべ》を借りてきてお汁粉をいっぱい作った。お汁粉一杯三〇〇円と値段を決めた。大学祭当日大勢の市民がやってきた。A子さんとB子さんは張り切る。しかし売るのはむずかしい。A子さんは声を涸《か》らして客を呼び込み、B子さんは必殺のウィンクを投げかけた。

大学祭二日目、二人の努力もむなしく大量のお汁粉が売れ残っている。このままではヤバイと思い、二人は、お汁粉一杯二〇〇円、一〇〇円ついには五〇円と採算《さいさん》を度外視《どがいし》して値下げした。それでもお汁粉はかなりあまった。その内A子さんとB子さんのお腹がキュルルとなった。A子さんは五〇円玉を取り出し、B子さんにお汁粉を売ってねとお願いする。今度はB子さんがその五〇円玉をA子さんに渡してお汁粉を買う。二人は夢中になってお汁粉を食べ合う。二人のあいだを五〇円玉が行き交う。こうして二人はお汁粉を全部たいらげ、お腹をかかえてゲップを出す。最後に五〇円玉がチャリンと売り上げに付け加えられた。お汁粉はこうして完売した。めでたし、めでたし……。

ここでわたしは受講している学生に問う。A子さんとB子さんのビジネスは果たして成功したと言えるだろうか。完売したのだから彼女らの労働はすべて社会に役立ったのではないか。学生に考えさせたあげく、わたしは解答を言う。

採算割れの値引き販売は、社会的にうまく役立ったとは言えない。二人のビジネスは失敗である。また二人でお汁粉を食べあった五〇円のやり取りは販売とは言えない。これは二人の私的企業内でのやりとりであり、社会に向けた販売とは言えない。販売不振の企業は、本社と子会社のあいだで売買して売り上げを増やし、営業成績があがったという見せかけをつくることもある。これを粉飾決算《ふんしょくけっさん》と言う。A子さんとB子さんの行為は、ビジネスの点ではこの粉飾決算に相当する。

なおこの話は、古典落語の「花見酒」を参考につくった。熊さんと辰《たっ》つあんは花見の酒で稼《かせ》ごうとして、二人して酒樽《さかだる》をかついでいくが、途中で酒の芳醇《ほうじゅん》な香りに我慢《がまん》できなくなる。互いに十文で売り合い酒樽を空《から》っぽにする。さんざん酔っ払ったあげく、売り上げを数えると十文しかなかったという話である。

3　お金は物神様になる

†お金は「絶対君主」になる

お金というモノを作ったのは人間である。しかし実際には人間はお金に支配されていく。政治において選挙で選ばれた政治家が、いったん選ばれたら政治権力を握り、権力者として国民の上に立つという現象が見られる。お金に選ばれたモノも、権力を持ち、すべての商品の上に君臨《くんりん》し、人間をも支配する。

お金の権力は、商品の価値の「社会的判定者」として、「社会を代表する」その存在そのものから生ずる。

社会的な判定を求めて、すべての商品は、自分をお金に換えておくれと、お金に求愛する。われわれはお金に頭をさげる。デパート、スーパーでもお客に頭を下げ、お金に向かって頭を下げる。昔三波春夫という演歌歌手が、「お客様は神様です」と言った。しかし実際には、お客様はおカネ様である。われわれはデパートに入った途端《とたん》、自分の顔を失い、福沢諭吉の顔になってしまうのである。

すべての商品からの求愛を受けて、お金は「何でも買える」という力を得た。この世でお金がなければ何もできないし、生きていけない。だから、お金は人間にたいして生殺与奪権《せいさつよだつけん》を得た。こうしてお金は人間を支配し振りまわすにいたったのである。

このように言うと、いや、自分がお金を好きなように使っているのだという反論があるかも知れない。自分で自由にお金を使い、欲しいものを手に入れる。お金が気に食わなければ破り捨てることもできる。いや、法で罰《ばっ》せられるから破っちゃいかんのだが。

† 小悪魔のようなお金

しかし、お金というものは、なかなかわれわれの意のままにならない存在である。まるで小悪魔《こあくま》のようでもある。背中に羽が生えていて、われわれのもとからすぐに飛び立っていってしまう。「マネー！　カムバック！」と言ってもムダだ。お金は決して「アイル・ビー・バック」（もどってくる）とは言わない。

庶民は、生活ギリギリのお金を手に入れるために、喉《のど》から手を出してもお金が欲しいと思う。しかしお金は、「さびしがりや」でもある。仲間のいないところから逃げて、いるところに集まりたがるのだ。だから庶民は、金欠病《きんけつびょう》となり、金持ちにはますますお金がたまる。

生きていくためにわれわれは、お金にたいして絶えず「君こそ命」と求愛しなければならない。お金の前に跪《ひざまず》き、これを拝む。札束に頬《ほお》を引っぱたかれたいとも思う。またお金がたくさんあっても、これが増えつづけることにニンマリと薄気味悪《うすきみわる》く笑う。お金ゆえに人間性を失う者もいる。相続争いの前には肉親の情も吹っ飛ぶ。お金ゆえに殺人を犯し、保険金詐欺をおこなう。「かあさんオレオレ、交通事故にあってしまってお金が必要なんだ、金送れ」とオレオレ詐欺をおこなう。悪徳営業マンたちが寄ってたかって、老人の「虎《とら》の子」の預金を奪《うば》おうとする。

われわれ人間の大多数は、利潤《りじゅん》追求と言って金もうけを追求する企業に勤め、生活の糧《かて》を得なければならない。ブラック企業やブラックバイト（ブラックアルバイト）に引っかかったりもする。お金というモノがあるゆえに、この世で小説が成り立つ。

† とうとうお金は物神になる

このように見ると、やはり人間はお金に生殺与奪権《せいさつよだつけん》を握《にぎ》られ、お金に振りまわされているのだ。バラバラな個人と企業が自分の利益のみを追求する市場経済は、リスクいっぱい、危険がいっぱいの不確実性の経済だ。そして、この不確実性の経済を取り仕切るのがお金である。

市場経済においては、人間は、殿様に支配される代わりに、「社会を代表する存在」としてお金を生み出し、お金に自己の運命を委《ゆだ》ねたのである。

お金は人間個々人の向こう側に立ち、向こう岸にある。人間はお金を手に入れるために命懸《いのちが》けのジャンプをしなければならない。お金は人間みんなが自分に頭を下げ、自分の前に跪くのを見て、新興宗教も真っ青の物神《ものがみ》となる。

お客様はおカネ様で、やっぱり神様なのだ。お金は人間を動かす力をもつ。われわれは、お金を集めるとパワーがきているのを感じることができる。この世ではお金が主人公で、人間はその下僕《げぼく》であこれは「逆立ち現象」なのだが、どういうわけか不思議に思う者はほとんどいない。お金は人間がつくったモノであるにもかかわらず、神として人間を支配し、人間の上に君臨《くんりん》する。

† あなたとわたしはモノとモノとの関係

ビジネスライクという言葉にあるように、市場経済とはドライな経済をなす。あなたとわたしが関係するのは、お互いに提供できる欲しいモノを持っているからである。あなたの提供するモノがお金ならば「最高！」という話になる。そこでは人間の関係がモノとモノの関係としてあらわれる。

その中で人間らしく生きることは大変である。情け、慈《いつく》しみ、恵み、助け合いの精神は、いったいどこにいったのだろうか。世の中、お金持ちを憧《あこが》れの対象としてあがめる一方で、貧乏人どうしがよく足を引っ張り合う。「これじゃダメじゃん」と言いたい。お金をたくさんもっている企業がお金を出し渋《しぶ》っているものだから、社会的弱者の生活は「市場経済の論理」の外側でソーシャル・セーフティ・ネット（SSN）を形成して守り、また国家の力で守るしかない。国民から集めた税金とは、ほんとうはそのために使うものなのだ。最近の消費税の引上げには賛否の声があったが、その税収は、少なくとも当初の予定どおり福祉・社会保障に使って欲しいものだ。

「市場経済の論理」に人間の社会的連帯、人権、生存権が対置される。市場経済の「非情な掟《おきて》」、「お金の権力」にたいしては規制をかけて制御《せいぎょ》をする必要がある。規制というものは必要なのだ。憲法による文化的生活の保障、「労働基準法」がそのような規制をなす。

† われわれが主人公だ

ところがグローバリゼーションという昨今の現実では、「市場に任せよ」という大合唱が生じ、規制緩和《かんわ》と民営化をとおしてお金の支配がむき出しにされる。人間関係は潤《うるお》いを失い、ドライになり、ギスギスしていく。人間はお金の獲得競争に狂奔《きょうほん》させられる。労働規制の緩和が拍車《はくしゃ》をかけるリストラによって消耗品《しょうもうひん》扱いされる。企業に勤める者は胃を痛めたり、神経をやられたり、うつ病になったりする。日本経済を支えてきた「企業戦士」たちは、年をとると邪魔者《じゃまもの》、厄介者《やっかいもの》扱いされる。社会的弱者は切り捨ての対象となる。人間個々人は「孤独な群衆《ぐんしゅう》」となる。孤独死が頻発《ひんぱつ》する。人生の競争に敗れたり疲れたりして、自殺する者が多い。われわれはどうやってお金を手に入れるか悩まされる。また、お金の獲得競争にいかに勝つかと腐心《ふしん》する。

しかしその前に、昨今におけるお金のむき出しな支配という現実がこのままでいいのかと考え直す必要があるのではないだろうか。やはり社会の主人公は、お金ではなくわれわれ人間なのだ。

コラム 1-8

一日の自殺者八十人

殺人事件があると、新聞やテレビで大きく取り上げられる。最近よくもまあと思うほど殺人事件がつづく。人を簡単に殺す世の中となったと思う。ところでニュースとして取り上げられることなく社会の片隅《かたすみ》でひっそりと死ぬ自殺者が、平均で一日八十人におよぶことを知っているだろうか。

日本の自殺者数は一九七八年以降概《おおむ》ね二万人台前半で推移してきた。バブル期には、二万人に接近していく減少傾向が見られた。最大の節目《ふしめ》は一九九七年から一九九八年にかけてだろう。自殺者数は、一九九七年の約二万四〇〇〇人から一九九八年には約三万三〇〇〇人に一挙《いっきょ》に跳《は》ね上がった。ちょうどこの時期は、橋本内閣の消費税引き上げによる不況の時期と重なる。それ以降自殺者数は三万人台で推移し、二〇〇三年には三万四四七二人と過去最高を記録している。その数がようやく三万人を割るにいたったのは、二〇一二年以降のことであった。

高度成長期やバブル期には自殺者が減り、不況期には自殺者が増える。このことから、自殺の大きな原因が経済苦であることがうかがわれる。配置転換、失業による困窮《こんきゅう》、事業不振、借金苦、過労などからうつ病におちいり、独り追い詰められて自殺するケースが多い。とくに中高年の男性の自殺が多いのも注目される。

日本の自殺率は、「先進国クラブ」と言われるOECD諸国の中でも頭抜《ずぬ》けて高い。アメリカよりもはるかに多い。自殺の多さは、お金が支配する殺伐《さつばつ》とした世相を反映している。

第2章　お金は影と競いて走る

――資本とは何か――

1　誰がためにカネはなる

†　お金は増える

当たり前のことだが、銀行に預金すると利子がつく。つまり利子分だけ増える。預金しつづけるとお金はどんどん増える。このことから夜な夜な預金通帳を引き出しては、数字が増えつづけるのを見てニンマリと笑う人もいる。とうとうお金を使わないで、預金通帳に膨大《ぼうだい》な数字を残して死んでしまう人々もいる。これはお金という数字に取り憑《つ》かれた人々である。

銀行預金を見ると、お金はどんどん自己増殖していくように見える。世の中預金通帳の数字に取り憑かれた人がいっぱいいると、際限なく自己増殖する数量運動の怪《あや》しげな世界が現出する。世の中を見まわしてみると、お金を増やす競争がなされている。お金を右から左に転がして増やすマネーゲームが展開されている。お金を増やすことにはキリがない。そこでは数字の無限の自己増殖運動が支配しているように見える。

中国の故事《こじ》に「影と競《きそ》いて走るなり」という言葉がある（宮城谷昌光『孟嘗君』4、講談社、一九九五年、二四三頁による）。自分の影には追いつけない。だから影を追う人間は、際限なく走りつづける。お金を増やす目標も次から次へとかぎりなく前方にもうけられる。お金が支配する世の中では、人間はあたかも「影と競いて走る」がごとく、際限なくお金を増やそうと追い求めていく。

コラム 2-1

ああ、庶民の零細貯蓄

もっとも庶民《しょみん》はそんなにお金に余裕《よゆう》なく、せいぜい零細貯蓄《れいさいちょちく》をするしかない。超低金利のこの時代、一〇万円を定期預金しても年間二五〇円（利子率〇・二五％を想定）しか利子をもらえない。しかもきちんと五〇円の税金が引かれている。手元に入った二〇〇円を見て、庶民はトホホとなる。

一九八〇年代中頃金持ちや企業にたいする減税を目的とした「中曽根税制改革」が企《くわだ》てられた。この時その財源が求められ、一般消費税の導入とならんで「マル優」（少額貯蓄非課税制度）の廃止《はいし》が打ち出された。それまでは「マル優」によって三五〇万以下の零細貯蓄は非課税であった。一九八八年に「マル優」が廃止されて以来どんな零細貯蓄にも二〇%の利子課税が課されるにいたった。一律二〇%だから預金が多いほど、したがって金持ちほど得を感じる仕組みである。しかも通常の個人所得と利子を切り離して課税する仕組み（「分離課税」と言う）もあり、所得の高率の累進《るいしん》課税を避ける金持ち優遇《ゆうぐう》策となっている。

ちなみに株の配当、株の売買差益（キャピタル・ゲインと言う）にも通常は二〇%の課税がなされる。配当所得にたいしては、二〇一三年までは一〇%という軽減課税が課された。大企業の創業者一族は大株主だから喜んだのに違いない。大株主である母親が毎月ポンと一五〇〇万円の小遣《こづか》いを息子に与《あた》えたなどという話も聞く。マル優の廃止と一般消費税の導入を見るにつけ、「貧しき者ますます貧しくなり、もてるものも奪われるなり」という言葉を思い出さざるを得ない。

† サラリーマンはコートの襟を立てて去っていく

お金を増やすこの運動を大々的にやっているのが企業である。個人企業であろうと株式会社（法人企業と言う）であろうと、企業の目的は利潤《りじゅん》追求、くだいて言えば金もうけである。お金をどんどん増やすことが企業の目的である。こうして企業はふくれ上がり、大きくなっていく。企業のお金を増やす運動には際限がないから、その反面として労働者・サラリーマンの賃金・給料はなかなか上がらない。四十年近くまじめに働いて定年を迎え、わずかな退職金をもらって労働者・サラリーマンは会社を去る。拍手に送られて職場を後にし、玄関を出て後ろを振り返ると、入社した時にくらべて会社の建物は随分《ずいぶん》大きくなったなあ、としみじみ思う。そして風の中コートの襟《えり》を立ててさびしく去っていく。月末ともなると、こんな光景が日本のどこかで見られそうだ。

† 企業の金もうけに漂う「ブラック」の香り

資本主義社会とは企業中心の社会である。企業社会とも言われる。大企業の支配を強調して「大企業体制」と呼ぶ者もいる。ベストセラー『不確実性の時代』、『ゆたかな社会』の著者で有名な、アメリカの大経済学者ガルブレイス（一九〇八‐二〇〇六年）である。

経営学のテキストでは企業の社会的責任がよく強調される。しかし、企業の目的はあくまでも利潤追求すなわち金もうけである。企業はお金を増やしつづけることを唯一の生きがいとする存在である。商品の底上げをしようと、食品偽装《ぎそう》をしようと、ブラックと言われる企業で若者を消耗品《しょうもうひん》のごとくこき使おうと、目的は一つ、「金もうけ」なのだ。

多くの企業は、賃金をあまり出したくないものだから労働人口の四割を派遣労働者、パートなどに置き換えても、ひたすら金もうけに走る。企業は、もうけたお金に税金を払いたがらない。世界において、タクスヘイブンと言われる低法人税率の国にペーパーカンパニーをつくって、海外であげた利益をそこに送って法の網をくぐって脱税したりする。

世界最大の自動車メーカーであるトヨタは、二〇〇九年以降この五年間一円も法人税を払ってこなかったという（二〇一四年五月八日豊田章男社長の記者会見）。これにたいして海外子会社からの配当を非課税とするなど各種優遇税制《ゆうぐうぜいせい》を利用し尽《つ》くした結果であるという指摘《してき》がなされている。ちなみにトヨタは、この間、一兆円を超す配当金を株主に配っている。

このところ労働者・サラリーマンの実質賃金が減ってきたが、その反面企業の内部留保が増えつづけ、三〇〇兆円を超《こ》えた。にもかかわらず企業はさらなる法人税の引き下げを要望する。そしてアベノミクスでは、企業のこの要請に応えて、法人税の二〇％台への引き下げをめざす（「第三の矢」）。

こうした現実を見るにつけ、何のためにあくなき金もうけにいそしむのだとあえて企業に聞いてみたくなる。とりわけ昔の資本家とは異なり、経営専門家である経営者が大企業を支配しているだけに、である。企業は、お金をかかえ込まないで、もう少し庶民みんなに豊かさを満喫《まんきつ》させたり、少子高齢化に対処するのに貢献《こうけん》したり、お金を有効に使えないものだろうか。少子高齢化の対策どころか、若者をすりつぶしていくブラック企業も存在する。

アベノミクスの一つの目玉をなす「新しい労働時間制度」は、標準労働時間の枠を取り払い、時間外労働という概念をなくし、残業手当ゼロをめざす。この導入にたいして、日本の企業全体のブラック化をもたらすものだという意見すらある。

コラム 2-2

日本の企業数と経済の二重構造

現在日本の企業数はどのくらい存在するのだろうか。統計の違いもあり、また絶えず変動するので正確な数字をつかみづらいが、中小企業庁の示す数字を参考にして、個人企業約二二〇万、法人企業（株式会社や有限会社など）約二〇〇万、合計四二〇万ほどと見るのが妥当《だとう》な線であろう。

中小企業庁によると、業種によって定義が異なるが、製造業では資本金三億円以下または従業員数三〇〇人以下の企業を中小企業という。それ以外が大企業ということとなる。中小企業数（実際には中堅企業も含む）は全体の九九・七％を占める。労働者・サラリーマンの約七割が中小企業に勤める。

中小企業の多くは大企業の下請《したう》けである。日本経済の二重構造が指摘される。大企業は、中小企業の低賃金を利用して、部品の納入単価を抑える。超円高ともなると部品の納入単価が切り下げられた。中小企業の技術者・職員は、賃金が低い上、大企業から派遣《はけん》された技術指導員の接待に大変だ。なお一流企業の代名詞をなす東証第一部上場企業数は、約一八〇〇社である。

† お金をもうけるがゆえに民間企業なのだ

何のために金もうけに走るのだと聞いても、おそらく企業は「理由なき反抗」を示すだけだろう。

そもそもわれわれ人間に納得させる理由はないのだ。企業は金もうけを目的とする存在であるがゆえに金もうけをすると言うよりほかはない。金もうけをしなければ、企業は民間企業でなくなり、NGO（ボランティア的な非政府組織）とかNPO（非営利団体）になってしまう。企業はただただ金もうけを追求し、お金を増やしつづける。国内の経済空洞化《くうどうか》をもたらそうと、大量失業を生み出そうと、地球を壊《こわ》してしまおうと、企業はただひたすら金もうけに走りつづける。企業にとって最大の関心は利潤《りじゅん》であり利潤率なのだ。新聞などでは、利潤追求のことを「資本の論理」という。資本主義社会とは、企業による利潤追求、くだいて言えば金もうけが支配する社会である。第一章では、お金が世の中を支配すると述べた。ここでは、それから進んで、お金を増やす数量運動が世の中を支配していると指摘しておこう。

コラム 2-3

ロボットの支配する未来の話

企業の利潤追求社会の性格を理解させるために、大学の講義の中でわたしは、学生に次のようなSF話を聞かせたことがある。

① SF「笑うロボット」

二〇X年、企業は金もうけをめざして効率性をあげ、工場生産はもとより事務労働もロボットに置き換えた。人間はリストラされ、ほとんど失業してしまった。誰もいない工場でロボットだけが動きまわる不気味な光景が広がる。一方、職を失い街頭にあふれ、人間はゴミあさりをする。家ではお腹をすかした妻と子が泣き叫《さけ》んでいる。家賃も払えない。政府は税金の大半が入らないのだから、どうしようもない。手をこまぬいて見ているだけである。

極限《きょくげん》までの効率性の引き上げを達成した企業は、得意満面《とくいまんめん》の笑顔で製品を販売しようとした。ところが不思議な現実に直面した。自慢《じまん》の自社の製品がまったく売れないのだ。コマーシャルを総動員したにもかかわらずだ。その内理由がわかった。労働者・サラリーマンのほとんどが失業して、財政危機のせいで失業手当も満足にもらっていない。彼らはお金を持っていないから、買いたくても買えないのだ。こうして経済は果てしなく深刻な不況におちいっていった。なんとも不思議な現象が生じた。一方で売れ残りの大量の商品の山が積まれた。他方で失業して買いたくても買えない貧困の谷底が深まっていった。

困った企業団体は政府に不況対策を要請《ようせい》した。ところが税収を失い財政危機におちいった政府は、景気刺激の財政政策を実施することができない。にもかかわらず無人工場で生産の音が虚《うつ》ろに響く。一瞬働くロボットが笑ったように見えた。木枯《こが》らしの吹く中、ボロをまとった痩《や》せこけた人々がさまよう。

② 学生たちの解答

あまりに暗い未来の話に受講していた学生たちは、声を失う。わたしは、学生に小テストを出し、この未来の話の解決策を問うた。すると何とも奇妙な答案が続出した。

一番多かった答案は、「立て―よ　飢《う》えたるも―の」と叫び人間は立ち上がるべきで、ロボットを壊《こわ》して昔にもどろうというものだった。中には、昔にもどってもやがてロボット化が進んでしまうと永遠の輪廻《りんね》を語るような答案もあった。ちなみにわたしは、この答案を見て昔のイギリスにおけるラッダイト運動を思い出さざるを得ない。

資本主義がいち早く形成されたイギリスでは、一八一〇年代に、機械によって仕事を奪われた職工たちが、機械打ち壊し運動をおこなった。これをラッダイト運動という。職工たちは、自分らが苦境《くきょう》におちいったのは機械のせいだと考えたのである。しかし、これでは時代の流れを止めることができなかった。学生の答案では、人間が苦境におちいったのはロボットのせいだと考えられている。

次に多かったのは、全ロボット化なんて現実にありえないから、「心配ないからね」という答案だった。中には文化・芸術活動は人間に残されると必死に訴える答案もあった。しかし、これらの答案は、わたしの問題設定そのものを否定している。わたしは物事をわかりやすくするために、あえて極端《きょくたん》な話をしたのだ。全ロボット化への途上でも、右に述べた光景が多かれ少なかれ現出する。

さて、読者はどのような解決策を考えるだろうか。これは宿題としておこう。

2　お金は華麗なる変身をとげて資本となる

†　資本とは何だろう

お金は増えつづける運動をはじめると資本となる。ふつう資本とは、資金、元手あるいは機械のことを意味すると思われている。しかし、これは不正確だ。資本とは、お金にはじまりお金に終わる運動体なのである。お金を投下して利益をあげてお金を回収する事業は、資本の運動である。お金は数量をあらわす。だからはじめも終わりも同じ金額ならば、この運動は意味がない。終わった時には増えてなければならない。通例この増加部分を利益、収益、利潤、マージンなどという。ここでは利潤という言葉で統一的にあらわそう。資本とは、お金を投入して利潤部分だけ増やしてお金を回収するというお金の運動体なのである。資本が資本であるためには絶えず増えつづけなければならない。スタジオジブリの作品『紅の豚』において、主人公のポルコは「飛ばねえ豚はたんなる豚だ」というセリフを吐《は》いた。これと同じく、増えないお金はたんなるお金だ。資本が増えつづけることをやめると資本ではなくなり、ただのお金にもどってしまう。

†　民間企業とは何か

民間企業は、この資本の魂を担《にな》い、資本の運動をおこなう組織である。だから民間企業にどうして

「利潤、利潤」と叫び、あくなき金もうけに走るのか、と理由を聞いてもあまり意味がない。企業からは、「われわれは資本であるがゆえに増えつづけなければならない」という回答が返ってくるだけである。資本とは永遠に増えつづけるお金の運動体であり、この資本を担う組織である民間企業も、お金を増やすことにその存在意義があるのだ。

昔高校の教科書を読んでいて、企業はいろいろな便利なモノを生産してわれわれの社会を豊かにしてくれるという記述にぶつかったことがある。確かに企業は素敵《すてき》な商品を工夫《くふう》してわれわれに提供してくれる。携帯電話も次から次へと新製品が登場する。お金があったらわれわれはこれを享受《きょうじゅ》できる。しかし、企業が素敵な商品を提供するのは金もうけのためである、という事実も忘れてはならない。

† 歴史における資本の登場

われわれ人類の歴史において、まずは商人資本と高利貸し資本として、資本は登場した。商人資本は、安く買って高く売る。その差額を利潤として獲得する。西でコメの豊作だと聞くと、走っていって安く買いたたき、東で飢饉《ききん》だと聞くと、そこでコメを高値で売る。そして膨大《ぼうだい》な利益を稼《かせ》ぐのである。高利貸し資本は、とてつもない高金利でお金を貸して暴利を貪《むさぼ》る。よく時代小説で、しがない職人が高利貸しにお金を借りて返せないという場面にぶつかる。悪党ズラした取り立て人がやってきて、泣き叫ぶ女子どもを突き飛ばして、家財道具一切《いっさい》をかっさらっていく。昔資本は、商人資本や高利貸し資本（「前期的資本」）としては、農民、職人からなる生産現場にたいして寄生的な存在であった。

コラム 2-4

越後屋呉服店と三越

日本のお茶の間でテレビを見る人々は、「水戸黄門」とか「暴れん坊将軍」といった時代劇が好きである。BSテレビでは、どこかの番組で四六時中時代劇をやっている。この時代劇で悪徳《あくとく》代官が「越後屋おぬしも悪よのう」と言う場面が出てくる。悪徳商人に引きつけて述べて申し訳ないのだが、越後屋と言えば、江戸時代の大店《おおだな》である「越後屋呉服店《えちごやごふくてん》」が思い浮かぶ。

越後屋呉服店は、延宝《えんぽう》元年（一六七三年）三井八郎兵衛高利《たかとし》が開業した。「いつもニコニコ現金払い」をモットーとした。しかも店頭での布の切り売りもおこなう。店頭販売・現金払いは、当時としては革新的商法をなす。当時は反物《たんもの》を風呂敷《ふろしき》で背負って訪問販売し、後払いで現金を受け取るのが普通であった。店頭に客が群《むら》がり、店はやりにはやったので、この繁盛《はんじょう》に同業者から嫌《いや》がらせもあった。

先日上野の国立博物館に行ってみたが、越後屋呉服店の大きな看板が展示してあった。越後屋呉服店と大書してある右側に「現金」、左側に「無掛値《かけねなし》」と書いてあるのを見て、妙に感激した。越後屋呉服店の後身が三越である。その両替部門が三井銀行（今日の三井住友銀行）になった。事実上三井発祥《はっしょう》の店として三越は戦前には三井財閥《ざいばつ》に属し、現在は三井グループに属する。

三越と言えば、一九八二年の岡田社長事件を思い出す。女帝《じょてい》と言われた女性に操《あや》られたり、三越でペルシャの二セ秘宝を展示するなど、岡田茂社長はスキャンダルを起こして三越の社会的信用を失墜《しっつい》させた。この時、三井グループ社長会（第二木曜日に開いたから「二木会《にもくかい》」と言う）の長老であった小山五郎三井銀行相談役が動いた。退任を説得する小山氏にたいして、岡田社長は、「おめえなんか怖《こわ》くない」と言ったとか。多数の持ち株が経営を支配するのだが、三井グループによる三越の持ち株（＝株式の相互持ち合い」による）の比率は少なかった。また岡田社長は三越の取締役会を子飼《こが》いの部下で固めていたのだ。ところが九月二十二日の取締役会の蓋《ふた》を開けてみると、子飼いの部下たちの反乱が起き、岡田社長は社長を解任された。この時岡田社長が言った「なぜだ！」という言葉がこの年の流行語となった。

†　資本主義はいかにして生まれたか

資本が生産現場をとらえ社会全体に広がった時、資本主義社会が生まれた。資本主義社会とは資本中心の社会である。

歴史的に見て、その起源は十五、十六世紀の「地理上の発見の時代」とか「大航海時代」に発する。「新大陸」とか「新航路」の発見は、ヨーロッパに豊かな、様々な商品をもたらした。これまで塩味だった食生活も、香辛料《こうしんりょう》、砂糖などが加わり豊かになる。国際商業が活発化し、それとともに局地的市場が統一され国内市場も形成された。この急増する輸出品の要求、国内需要に応《こた》えるためにやがて工場生産が生じた。

最初は職人を集めて手労働の作業分担をさせるマニュファクチャーであった。やがて手労働は機械を用いた労働に置き換えられる。機械を用いた大々的な工場生産（「機械制大工業」）がはじまった。最初は水力や蒸気機関が動力として使われた。当時書かれたイラストを見ると、天井に置かれた滑車《かっしゃ》からベルトが、居ならぶ機械に降りて動力を伝える、ダイナミックで力学的な工場の光景が描かれている。人間はその機械のあいだで働きアリのように動きまわっている。世界遺産となった富岡製糸工場の工場内風景でもあった。

コラム 2-5

コロンブスの悲劇

第1章でも登場したコロンブスはイタリア人であった。クリストファー・コロンボとも言う。ジェノヴァ出身で、マルコ・ポーロが『東方見聞録』で述べた黄金《おうごん》に光り輝くという国ジッパングすなわち日本に憧《あこが》れた。地球は丸いという考えにもとづき、日本などのアジアにたどりつく最短距離と思われる「西まわり航路」の冒険企画を立てた。しかし、世の中は厳《きび》しく、この冒険話にはなかなかスポンサーが見つからない。あっちこっち打診《だしん》したあげく、ようやくスペインのイザベル女王をスポンサーにすることができた。

一四九二年コロンブスは三隻の船を連ね、パロス港を出航した。そして偶然《ぐうぜん》途中に立ちふさがった「新大陸」を発見したというわけである。コロンブスが「新大陸」からもたらしたぼう大な富は、スペインを世界強国にのしあげた。しかしコロンブスの晩年は不遇《ふぐう》であったという。彼が発見した新大陸の名前も、その後の冒険家アメリゴ・ヴェスプッチに取られ「アメリカ」になってしまった。彼の名前は、アメリカ大陸でコロンビアという州名・国名にわずかな痕跡《こんせき》を残しているにすぎない。

† 労働力商品を売ります

資本家とその支配人が工場を支配し、この支配のもとに大勢の労働者が働く光景が社会に広がっていく。労働者はほとんど財産をもたない。だから自分のもっている頭脳や筋肉といった働く力、すなわち労働力を切り売りして生活の糧《かて》を得るしかない。

経済学のどのテキストでも、その流派を問わず、労働市場について語られ、労働の売買について語られる。いうまでもなく、市場で売り買いされるものは商品である。

労働の売買は正確には働く力すなわち労働力の売買である。労働力は売り買いされる商品となる。労働力商品という実感は、パート・アルバイトが味わうところだろう。そこでは一時間七〇〇円ないし八〇〇円という時間決めで労働力を切り売りして賃金が得られるのである。企業は人材を確保するために長期間の労働契約をするが、その基本はやはり労働力商品の売買契約である。学生諸君は、就職（事実上就社なのだが）という行為が、自己の労働力を商品として企業に販売することを意味すると聞いて、少し驚くかも知れない。

資本主義とは資本の支配する社会体制を意味し、また資本賃労働という人間関係を内容とする。この社会の問題は、われわれ人間にはいつでも労働できるという保障がないということ、また商品として販売される労働力が人間と切っても切り離すことができないということから生まれる。

誤解を生まないためにあえて言うが、労働者は自分自身を売るのではなく、その労働力のみを販売するのだ。自分自身を売る者は奴隷《どれい》である。それにたいして、労働力のみを販売する労働者は、企業の中でほんらいは人格的に自由である。だが、どちらかと言えば「軍隊組織」に近い企業の中では、この人格的な自由はなかなかつらぬけない。

チャップリンの映画『モダンタイムズ』で描かれているように大量の失業が生ずることがある。失業者にたいする国や社会の支援がなければ、「個人の自由」は「餓死《がし》の自由」となる。また工場ではベルトコンベアのスピードが上げられ、人間がきりきり舞いさせられる。人間は、長い人生を生きていかなければならないのだから、自分の労働力を短期間に消耗《しょうもう》させられ廃品《はいひん》にされてはたまったものではない。こうして労働規制が生まれ、標準労働時間が決められた。労働基準法は、労働者の人間としての要求を満たすためにあるのである。

†　いろいろな資本

資本とは、お金にはじまり、利潤《りじゅん》という子どもを産み落としつつお金に終わる運動体である。こう理解すると、われわれの社会の特徴《とくちょう》は、じつにうまく説明される。

① 銀行資本

都市銀行や地方銀行などの銀行資本は、ストレートにお金にはじまりお金に終わる運動をおこなう。つまりお金を貸して、利子を得てお金を回収する運動である。近年では証券などハイリスク・ハイリターンの仕事にも手を出している。しかし、銀行の基本は、企業にお金を貸すことにある（商業銀行業務と言う）。その他に、金融関係の資本として、世の中お金があまり、お金が経済実体から離れて独り歩きすると、投機資本が大活躍《かつやく》する。金持ちから高額のお金を集めて運用する国際的投機資本であるヘッジファンドが有名である。このファンドのもとで、マネーゲームが展開される。これこそお金を右から左に転がして増えつづける資本の運動を意味する。

② 商業資本

スーパーストアやデパートなどの商業資本は、お金で商品を仕入れ、これを販売してお金を回収する運動をおこなう。仕入れと販売があいだに入るが、お金にはじまりお金に終わる運動には変わりない。今日街中《まちなか》にコンビニが乱立している。近くに二十四時間営業のコンビニがあると、便利この上ない。レジでバーコードを読み込まれる。それによって情報が集められ、どの商品がどこでどのくらい売れたか、立ちどころにわかり、棚《たな》の設定、品揃《しなぞろ》えに役立てられる。これを「ＰＯＳシステム」と言う。販売情報をもとに陸上輸送トラックが暗躍《あんやく》する。コンビニは陸上トラック輸送によって成り立っている。このコンビニも商業資本としての運動をおこなっているのである。

コラム 2-6

ヨーロッパにはコンビニがない？

コンビニはアメリカで発祥《はっしょう》し、日本で盛《さか》んになった。日本のコンビニ企業は、中国などアジアで活発な展開をおこなっている。ところが意外に思われるかも知れないが、ヨーロッパの多くの国々にはコンビニがない。イギリス、フランス、ドイツ、オーストリア、イタリアにはコンビニがない。これらの国々では二十四時間営業のコンビニを開くと、逮捕《たいほ》される。わずかデンマーク、スウェーデン、ノルウエーの北欧三か国にセブンイレブンが進出している。スウェーデンでは二十四時間営業があるようだが、デンマークでは営業時間がかぎられている。平日土曜が朝六時から夜二十一時まで、日曜が朝八時から夜二十時までの営業である。わたしが比較的よく行くドイツ、オーストリアでは閉店法というものがあって、店の営業時間が制限されている。ドイツでは平日は夜二十時まで、土曜は夕方一八時まで、日曜祝日は休みである。

かつてわたしはオーストリアのウィーンにほぼ一年いたのだが、日曜には店が閉《し》まっていた。ウィーンの有名な商店街と言えば、その中心にあるケルントナー通りだが、日曜はシャッターが降りた商店街を観光客がウロウロするだけだった。日曜をビジネス・チャンスと見る日本ではちょっと考えられない光景である。日曜閉店はキリスト教の安息日と関連している。また閉店法は、中小の業者、従業員を守る意味を持っている。もっともドイツでは、閉店法を緩和《かんわ》し、二十四時間営業を許可する州も結構出てきているとか。ドイツにもコンビニができるのだろうか。

③　産業資本

自動車メーカーなど製造業の資本は産業資本と呼ばれる。産業資本は、お金で原料や労働力を仕入れ（労働者を雇《やと》い）、工場で生産し、できた商品を販売してお金を回収する運動をおこなう。仕入れ、生産、販売があいだに介在するが、お金にはじまりお金に終わる運動には本質的に変わりがない。

自動車メーカーの組み立て工場を見学すると、結構ためになる。そこでは生産ラインが天井を走り、床を走る。そのかたわらでラインのスピードに遅れまいとして労働者が一生懸命に働く。スポット溶接など産業用ロボットの活躍《かつやく》もめだつ。組立工程の終わりにフロントガラスをバンとはめる。最後に出来上がった新車が飛び出してくる。

企業は、新製品を開発し、なかなか便利なものを提供してくれる。電化製品に囲まれた家庭生活を形成し、車社会を築き上げる。今や携帯ピコピコの時代である。しかし、われわれは、企業の目的がお金を増やすことにあり、新製品の開発が、増えつづけるお金の運動の一環《いっかん》をなしていることを忘れてはならない。金もうけが主たる目的で新製品の開発はその手段である。

企業はもうける機会があれば、本業に加えて何にでも手をだす。事業の多角化も企《くわだ》てられる。新日鉄がキノコ栽培に手を出したとしても何ら不思議ではない。製鉄企業がいつの間にかハイテク企業に化けていても何ら不思議ではない。たとえばマンネスマンはドイツの鉄鋼大手だが、ドイツ最大の携帯電話会社になった。近年ボーダーフォン（英）に買収されたという。

以上のように、日本に存在するたいていの企業は、資本によってその活動を説明できる。企業は資本の組織である。資本の担《にな》い手であり、資本の魂をもつ。そして資本の魂は、金銭計算のドライなものである。

† 企業社会に見られる人間のドラマ

① 出世の夢

企業は労働者・サラリーマンがその一生の多くをおくる大切な舞台である。派閥争いがあったり、根性のひん曲がった嫌な上司に会い、いじめられたりもする。出世競争もある。主任、係長、課長と昇進していくと、責任が増える割には給料が増えないけども、それなりにうれしい。外国では労働者の子は労働者になるのが普通であるが、日本では出世の階段を上って、あわよくば社長という夢もいだける。労働者とサラリーマンのあいだの垣根《かきね》もあまりない。垣根は正規と非正規（とうとう労働人口の四割に達した）のあいだにある。

サラリーマンの家庭は夢を追いつづけることができる。夫にたいしてこの夢が敗れた妻は、子どもに夢を託《たく》す。息子が一流大学に入り、大学ブランドを背に一流企業に入り、出世の階段を上る。これは、平均的な家庭の主婦が描く平均的な夢でもあるだろう。その中で、一部の主婦は何をどう間違ったのか、教育ママゴンになったり、モンスター・ペアレントになったりすることもある。このとき子どもの中には、マザコン（マザー・コンプレックス）におちいる者も出てくる。一時期学歴社会の崩壊《ほうかい》がうたわれたことがある。しかしずっと大学で教鞭《きょうべん》をとりつづけ、部局の就職委員長も経験したことのあるわたしは、まだまだ大学ブランド社会がつづいていると膚《はだ》で感じる。

② 日本的システムは「ぬるま湯」ではない

年功序列型・終身雇用制といった日本的システムも、その崩壊がうたわれたが、成果主義で変形を受けつつもつづいている。その理由は、やはり成果主義が個人プレーであるのにたいして、日本的システムがチームプレーのもとに集団パワーを発揮する最良のシステムだからだ。日本的システムはサラリーマンにとって決して「ぬるま湯」ではない。むしろ過酷《かこく》な出世競争を強《し》い、もてる力を一〇〇%以上発揮させるものである。一九八〇年代に日本の経済的成功の秘密として外国に注目された日本的システムは結構根強い。成果主義は、これに個人的な成果の評価を加えて、仕事をいっそうきつくするものである。

日本的システムのもとでは、サラリーマンは入社したと同時に社長への階段をめぐってまずは横一線にならんで出世競争をおこなう。実際には大企業の経営者、創業者一族、財閥家族や明治の大物の家系の血筋《ちすじ》などが日本のエスタブリッシュメント（既成の支配的上流階級）を形成している。その息子は競争に優位に立っている。にもかかわらず、サラリーマンに経営陣に加わる可能性がまったく残されていないというわけではない。たとえ幻想《げんそう》と言われても夢はサラリーマンを駆《か》り立てる。この競争に心ならずもついていけない者は、会社側からしばしば不利な取り扱いを受ける。会社にとって役立たないと判断された者は、残念なことに、窓際に追いやられたり、地下の資料室にいくか、意欲を失って会社を辞《や》めざるをえない。

だからサラリーマンは、就職の時に、会社をよく選び、また仕事にたいする自分の適性を考えなければならない。団塊《だんかい》世代の社員の多くは「猛烈《もうれつ》社員」となったが、昨今の若者は大学を卒業して三年以内にその三分の一が会社を辞めていくと言われている。企業の人事担当者や古株《ふるかぶ》にとって、昨今《さっこん》の若者は、宇宙人とか異星人に見えるのだろう。

サラリーマンには、出世のためには上司にいい顔をし、仲間と協調することが要請される。だからとても一人だけ残業を拒否できない。むしろ出世競争は、人間を過酷な長時間労働に駆り立てる。会社が生活の場となる。夜遅くまで帰ってこない亭主は、そのうち家庭で居場所を失う。「亭主元気で留守がいい」なんて話になる。こうして亭主は「必殺給料運び人」になる。定年後には家庭の「粗大《そだい》ゴミ」になる。夫婦によっては、「できちゃった婚」にはじまり「定年離婚」に終わる。

③　夫婦生活円満のために

こうならないようにジャパニーズ・ビジネスマンは日々努力しなければならない。誕生日や「母の日」に奥さんに花を贈るのも有効であろう。家庭の平和を維持するためには、奥さんも、会社という過酷な戦場で戦う夫を励まし慰《なぐさ》めなければならない。夫婦共稼ぎの場合は、互いにその労をいたわらなければならない。こんなところで使って申し訳ないが、渡辺和子さんの言葉を借りると、「環境の奴隷」になってはいけない。「わかってくれない」とか「いたわってくれない」という「くれない族」になってはいけない（『置かれた場所で咲きなさい』幻冬舎、二〇一二年、一一頁）。しかし、その内、アメリカの映画のように、日本の夫婦は、電話で「愛してるよ」と叫《さけ》びつづけなければならなくなるかも知れない。

† これが「資本の論理」だ

資本とはどんどん増えつづけていくお金の運動体である。だから「資本の論理」は利潤追求である。企業は資本の組織であり、資本の魂の担い手である。人間を利潤追求すなわち金もうけに奉仕させ、またその手段として使う。資本は、人間のバイタリティとエネルギーを絶えず吸収しつつ、成長していく存在である。企業は、もうけた利潤そして内部留保に少しでも手をつけようとすると、烈火《れっか》のごとく怒る。むしろ反対に法人税の引き下げを要求する。もうけたお金を投資し（「資本の蓄積」とも言う）、より大規模に金もうけをしようとする。資本のどんどん増えつづける運動はこうして巨大化してゆく。

企業のあげる利潤は、経営者の天才的手腕の結果というより、企業で働く労働者・サラリーマンの努力とエネルギーの産物である。その血と汗と涙の結晶である。にもかかわらず企業は、賃金をなかなか上げない。反対に労働規制を緩和し、非正規社員・労働者の採用を拡大して人件費を削減しようとする。労働者・サラリーマンは残業手当をもらえないタダ働き（「サービス残業」と言う）もさせられる。家に仕事を持ち帰る「風呂敷残業《ふろしきざんぎょう》」（「持ち帰り残業」）というものもある。今や「残業手当ゼロ」がめざされる。

企業は、アベノミクスが賃金引き上げを要求しても、なかなか基本給をあげる（ベース・アップと言う）ことはない。笛吹《ふえふ》けど踊《おど》らず、である。むしろ格差社会が拡大し、ワーキングプアが増えていく。グローバリゼーションにおける企業の世界的な大競争の中で、「働けど働けど我が暮らし楽にならざり　じっと手をみる」という石川啄木《たくぼく》の世界が現出する。戦前のプロレタリア作家である小林多喜《たき》二《じ》の『蟹工船《かにこうせん》』の人気が若者のあいだで高まり、これが本屋の店頭に積み重ねられたこともある。

コラム 2-7

小林多喜二の『蟹工船』

小林多喜二の『蟹工船』は、「博愛丸事件《はくあいまる》」という当時の実話と「蟹工船」に実際に乗り込み、その体験をつづった彼の同志の手帳などにもとづき、書かれた。

「おい地獄さ行《え》ぐんだで！」という衝撃《しょうげき》的な言葉で、それははじまる。そして、その中では、虐待がなされ死人が出る「蟹工船」の過酷な労働現場とこれに抵抗し団結して立ち上がる男たちの姿が描かれている。これが、格差社会において低賃金と過酷《かこく》な労働それに生活不安に悩む若者たちの心をとらえたのだろう。

なお、「これまでにない新しい小説」を書くと多喜二が意気込んだこの『蟹工船』は、一九二九年に出版されてわずか半年のあいだに三万五〇〇〇部売れたという。当時としてはベストセラーをなしたと言えるだろう（参考文献：倉田稔『小林多喜二伝』論創社、二〇〇三年）。

†　企業の心はカネ心

労働者にとってこうした厳しい現実にもかかわらず、経済学の多くのテキストではこう描かれる。企業は、資本、労働、土地（生産要素と言う）を集めて使い、それぞれの生産への貢献《こうけん》に応じて、利子、賃金、地代を合理的に分配する。

経済学のこの上品な説明は、これまで描いてきた企業社会の現実を反映するものだろうか。もちろんブラック企業もあれば良心的な企業もある。しかし現実には企業は、その本質において金もうけマシーンともいうべき資本の組織である。人間としてどんなに良心的な経営者も金もうけの専門家としてその地位が保障されている。工場では、人間が機械を使うのではなく、逆に、資本を担《にな》っている機械が人間を使うという現象が生ずる。人間は、そのうち資本の背番号をつけた産業用ロボットと過酷な競争を強いられる。

やはり資本の魂を担う組織である「企業の心はカネ心」である。決して「母心」ではない。リストラや肩たたきの対象となる中高年になるとその厳《きび》しさがわかる。最後には人間は「命の泉」が涸《か》れて企業を去っていくのではないだろうか。

「半沢直樹」というテレビドラマが高視聴率を獲得し、「倍返し」という言葉が流行語になった。その理由は、お茶の間の人々が厳しい企業社会の現実を感じているせいではないか。だからこそ「半沢直樹」を見て溜飲《りゅういん》を下げる。

わたしは、せめて経済学の多くのテキストが描いているように、企業は行動してほしいと思う。つまり生産への貢献に応じて、少なくとも生活を維持でき、余暇《よか》を楽しめる賃金を労働者・サラリーマン、派遣などの非正規労働者に払うべきである。

しかし現実は厳しい。人間を肥《こや》しにしながら、企業は青々と茂っていく。また人々は、暮らしていくためには、企業の発育がよいように祈らなければならない。

第3章　ほんとうに規制は「悪」なのか

1　規制緩和狂奏曲

†「事業仕分け」とは何だったのだろう

われわれ日本人の多くは、政府といえば、とんでもないむだ使いをする存在であると思っているようである。民主党政権時代庶民《しょみん》は、政府のムダを指摘する「事業仕分け」に拍手を送り、これを仕切った蓮舫《れんほう》議員が人気を博《はく》した。スパコン（スーパーコンピュータ）の開発にたいする「二位じゃダメなんですか？」という彼女の発言はとくに有名になった。

しかし、よく考えてみると、スポーツでも誰しも最初から二位をめざしているわけではない。優勝をめざすから、よい結果が出るのだ。研究や技術開発にしても誰にも負けないと努力し頑張《がんば》るから、よい結果が出る。二位をめざしては二位を達成できない。一位か二位は、努力した後の結果論なのだ。蓮舫議員はこのことを忘れているのではないだろうか。

テレビでは、あまり利用者がいないか驚くほど利用料金の安い研修所・宿泊施設が映し出された。これもムダと指摘された。当時前原誠司国土交通大臣が八ッ場《やんば》ダムを視察《しさつ》し、こんなムダなものはないとして、中止を明言した。しかしすぐ後に、同じ民主党の野田政権によってこの中止は中止された。その後、うやむやになっていく結果に、政府のムダをなくす民主党の事業仕分けは結局ムダだったという声すら聞かれる。

わたしは政府のムダをなくすことには賛成だ。安倍政権が消費税の引き上げによる景気悪化には公共事業を増やして対処《たいしょ》するというのは、それこそムダなことだと思うのである。

しかし、わたしは、よくなされる「政府のムダ」主張には、針小棒大《しんしょうぼうだい》な宣伝《せんでん》を見る。それは、政府は悪、民間は正義という考えの一環でなされる。よくムダ使いする無能な政府に有能な民間企業が対置される。かつて「民活」という言葉がはやり、ダメ政府にかわって「民間活力」を使うことがうたわれた。しかし、わたしは、「民活」のこの合唱に、低成長・低利潤の時代に悩む民間企業にたいして政府が場所を民間に譲って利潤をあげる機会を拡大するという響《ひび》きを感じた。また景気後退と不況の時には、政府は、逆に、ダメ企業、ダメ銀行を救済しなければならない。

†「政府は悪、民間が正義」だと言われるけれど

政府の力はとてつもなく大きい。政府の力なくして、かつての日本の高度成長はなかった。政府が大きな力を果たして経済発展をするのを「日本的モデル」ないし「アジア的モデル」と言う。これはかつて「ルック・イースト」（東を見よ）の掛《か》け声のもとに、アジア諸国に注目された。ところが今や日本は、市場経済重視の「アメリカ的モデル」を必死に模倣《もほう》しようとする。そのためにダメ政府が喧伝《けんでん》されるのである。

アメリカで支配的な経済学は、経済を市場に任せるために、政府の経済的役割は百害あって一利なしと主張する。政府は悪、民間は正義だ。この経済学は、ダメ政府を強調し、〝政府は経済から手を引け！〟と主張する。そして「規制緩和《きせいかんわ》と民営化」を政策として掲《かか》げるのである。

これにたいして、わたしは、ムダをなくした政府は、そのもてる巨大な力を経済や社会をより良くするために使うべきだと思う。労働者・サラリーマンの生活を守り、教育や福祉を充実することによって庶民の暮らしを豊かにし、日本にとって「良質な人材」、「良質な労働力」を確保するのもその役割だと思う。

† 規制緩和の意味

昨今《さっこん》規制は〝悪〟だと主張されてきた。しかしよく見てみると、政府による規制には、安全基準、衛生基準などがある。この場合、規制緩和とは、国民の健康を守ってきた基準のレベルを下げること

なっている。

を意味する。最近では、アメリカの要求もあって、遺伝子組み換え食品に関する規制緩和が話題に

規制にはまた、公害・環境規制がある。その緩和は、自然環境破壊の促進につながる。

安倍政権のもとでは、労働規制の緩和が強調される。これは、「残業手当ゼロ」をめざしてのことだ。これまで、労働規制の緩和は、労働者の首を切りやすくしたり、非正規労働を広範に使えるようにすることを意味してきた。これには、労働基準法や労働者派遣法《はけんほう》を骨抜きにする意図がある。

労働規制の緩和の結果、日本では非正規労働者が労働人口の四割に達するにいたった。パート・アルバイトの賃金では生活を維持できないワーキングプアが増加する。労働規制の緩和は、利潤追求すなわち金もうけを目的とした企業による人件費削減の要求である。こうして企業のふところにより多くのお金が集まり、多くの人間の暮らしは貧しくなる。

† 金融規制ができた理由

ここで金融規制の問題についても触れておこう。近年金融規制の緩和による金融自由化は、いわゆる金融グローバリゼーションを促進してきた。〝銀行と証券の垣根《かきね》を撤廃《てっぱい》せよ〟と、ひと頃よく言われた。しかし、この金融規制が生まれた理由は、一九二九年世界大恐慌《きょうこう》の苦い経験にあった。

アメリカの一九二〇年代は金ピカ時代と言われる。禁酒法下、密造酒《みつぞうしゅ》の販売でアル・カポネというギャングが活躍した時代でもあった。T型フォードという黒塗《くろぬ》りの大衆車が登場し、大衆も豊かな生

活を味わうようになった。しかし、そのうち家庭の主婦、ホテルのボーイも株の話をはじめた。バブルが生じたのである。このバブルの主犯が社会的責任をもつはずの銀行家であった。そしてこのバブルは「暗黒の木曜日」と言われたニューヨーク株式市場の大暴落《ぼうらく》に終わった。もっともこの日は銀行家たちが株を必死に買い支えた。取引が終わった時点では株価の下落率はそれほど大きなものではなかった。むしろ次の週に株の大暴落が生じていくのである。「暗黒の木曜日」では、株のパニック売りが殺到したことが注目される。あまりの取引量の多さに株価の動きの情報をうまく伝えられなくなった。何が何だかわからなくなり、人々は不安に駆《か》られて右往左往《うおうさおう》したという。

株の大暴落においては、バブルの主犯をなした銀行の責任が問われた。銀行には金融の安定を担う社会的責任がある。だから一九三三年アメリカの連邦法として、銀行と証券の垣根を設けるグラス・スティーガル法が制定された。法案を提出した議員の名前をとってこう言う。それによって、(商業)銀行は、株などの証券業務ができなくなった。

しかし、この法律は、一九八〇年代、「新自由主義」を掲げるレーガン大統領の金融規制緩和政策によって骨抜きにされていく。その結果、アメリカはまた銀行危機におちいった。この時は、「ジャンクボンド」(「クズ債」)と言われるあぶない債券に手を出した銀行の倒産・経営危機が取りざたされた。これには、政府による膨大《ぼうだい》な「公的資金の注入」によって対処《たいしょ》された。最近どこかで聞いたような話だろう。

グラス・スティーガル法は、ついには一九九九年クリントン大統領によってその廃止の署名《しょめい》がなされた。その後金融安定という銀行の社会的責任はなおざりにされてゆく。「小泉構造改革」では、〝「集団護送船団方式」なんて「ぬるま湯」につかっているのではなく「ハイリスク・ハイリターン」でやれ〟と銀行にハッパがかけられた。金融規制の緩和の結果、アメリカやヨーロッパでは金融の暴走が生じ、未曾有《みぞう》の国際金融危機が勃発《ぼっぱつ》した。損害ランキングの一覧には、有名な大銀行の名前がズラッと並んだのである。

コラム 3-1

ＦＲＢ議長バーナンキと金融の量的緩和

二〇〇八年九月のリーマン・ショックを象徴として国際金融危機が生じた。この時のアメリカのＦＲＢ（連邦準備制度理事会）議長は、金融政策論を研究する経済学者であるバーナンキであった。二〇〇九年のタイム誌に彼は「恐慌と紙一重《かみひとえ》のところまできていた」と語っている。バーナンキは、世界大恐慌を回避するために、国債や証券を買い取ってドルを流通にジャボジャボ投入した。

彼のこの政策が、いわゆる「金融の量的緩和策」である。それは「量的緩和策第一弾」（ＱＥ1）と言われた。アメリカの「量的緩和策」はその後、第二弾（ＱＥ2、二〇一〇年十月～）、第三弾（ＱＥ3、二〇一二年九月～）とつづく。ドルが鉄砲水のごとく流通にほとばしり流れる。これは、ドル安をもたらした。逆に日本は「超円高」に悩まされる。これに対処するために、アベノミクスと称してついに日本も「異次元」の金融の「量的緩和策」に走り、円安を誘導《ゆうどう》した。日本におけるこの政策は、アメリカの模倣であると言ってよい（参考文献：ニール・アーウィン『マネーの支配者』関美和訳、早川書房、二〇一四年）。

†「新自由主義」と規制緩和

いったいいつの頃から規制緩和、規制緩和と叫ばれ、「規制緩和狂奏曲」が奏《かな》でられるにいたったのだろうか。わたしは、その由来《ゆらい》が一九七〇年代のいわゆるケインズ主義の権威失墜《けんいしっつい》にあったと思う。ケインズ主義に代わって「新自由主義」が登場した。「新自由主義」は、〝経済がうまくいかないのは、政府が悪いからだ〟と語る。これを「政府の失敗」と言う。〝政府は経済から手を引け！　市場に任せよ！〟これが「新自由主義」の合言葉である。この主張のもとに、規制緩和・民営化・財政支出の削減を柱とした政策が打ち出される。

「新自由主義」のこの政策は、イギリスでは一九七八年に登場したサッチャー首相によって採用された。彼女の政策をサッチャーリズムと言う。アメリカでは一九八一年レーガン大統領がアメリカの「経済再生計画」を打ち出した。これをレーガノミクスと言う。こうしてイギリスとアメリカでは、規制緩和が政府の政策として推進されたのだ。

†小泉構造改革とは何であったのか

日本では、規制緩和が本格化し、国民の頭の隅々《すみずみ》まで叩《たた》きこまれたのは、やはり「小泉構造改革」においてだろう。小泉純一郎元首相は、「感動した」という表現に見られるように、ワンフレーズ政治家である。じつにわかりやすい。このわかりやすさもあって国民の八割の支持を得つつ、「聖域なき構造改革」の名で知られる「小泉構造改革」が打ち出された。

当時小泉人気はすごいものだった。講義の中で少しでも「小泉構造改革」を批判しようものなら、気のせいかも知れないが、学生の冷たい視線にさらされた。当時日本のマスコミは、批判封じをおこなった。今日ならば、政府に批判的な講義には、反感をもった学生が大手新聞に投書し、新聞がこれを大きく取り上げ、文科省が大学に問い合わせるかも知れない。もう時効だろうと思うわけではないが、少しこれを振り返ってみよう。アベノミクスでも規制緩和が一つの目玉をなすがゆえに、である。

小泉構造改革はいろいろなことを言っている。国民に〝株を買え〟と呼びかけている。子どもに〝株を学べ〟と指示している。「子ども証券」をイラストでつづるパンフレットさえ作られた。不良債権処理問題も前面に押し出されている。こうして中小企業への銀行の「貸し渋《しぶ》り」どころか「貸し剥《は》がし」が話題となった。「半沢直樹」の父親の叫《さけ》びを思わせるような、中小企業の悲鳴があっちこっちから聞こえた。

しかし、何と言ってもその柱は、規制緩和と民営化だろう。小泉首相の事跡《じせき》としては一番郵政民営化が記憶されている。小泉首相は、経済は「市場に任せよ」と言う。その背後には市場に任せれば万事うまくいくという考えがある。この考えから、規制緩和と民営化がうたわれた。そして郵政民営化が実現されたのである。

†　郵政民営化はほんとうに必要だったのか

それにしてもマスコミのキャンペーンとも言うべき小泉賛辞《さんじ》は驚くべきものであった。もっともかつて金権政治家である田中角栄首相が登場したときも、マスコミは「庶民宰相」あらわれると大賛辞を送った。日本のマスコミは、こういう合唱が好きなのかも知れない。

それはともあれ、「小泉構造改革」を推進するために、マスコミあげて市場に任せよという大合唱がなされた。改革を遅らせるな、規制緩和をおこなえと連日のごとく言われた。大学の講義で批判的なことを言うわたしは、どうやら「抵抗勢力」にされてしまった。その結果、国民は、市場に任《まか》せるのは当然、〝規制は悪〟と思うようになったのではないか。これは一種の「洗脳《せんのう》」であったとさえ言える。

市場経済に関しては経済学にはいろいろな評価がある。判断の分かれるところである。第1章で述べたように、わたしは、市場経済とは不確実な経済で一定の不合理性をもともなうと考える。だからこそ、不確実な世の中で〝唯一《ゆいいつ》確かなモノ〟として、お金が大きな顔をするのである。

国民は、今考えてみると、郵政民営化をやる必要がほんとうにあったのかと思うのではないか。今もなお郵便事業とゆうちょ銀行は同じ郵便局の窓口に並ぶ。ちなみに日本に強く郵政民営化を要求したアメリカの郵政（郵便事業のみだが）は民営化されていない。これは何故だ。まずは「隗《かい》よりはじめよ」ではないか。もっともアメリカが郵政を民営化しないのは、国土が広い上、あまり採算の取れるものではないという理由からだ。

皮肉なことに、〝市場に任せよ〟というマスコミの大合唱の余韻《よいん》がさめやらないうちに、われわれは例の「リーマン・ショック」、国際金融危機に直面する。マスコミの中では、今度は「市場の暴走」が語られはじめる。わたしは、マスコミの見識を疑わざるをえない。

† 規制緩和という合唱には規制をかけたいくらいだ

何かを改悪しようとする時には、大衆を説得するために、針小棒大なことが必ず語られる。かつて行財政改革の時は、まるで財政危機の犯人が「官費天国」を楽しむ公務員であるような宣伝がなされた。財政赤字が実際には、経済成長のための公共事業などによって拡大し、景気対策・景気刺激策によって増加しているにもかかわらず、である。公務員攻撃は大衆受けがいいから、公務員はよく「生贄《いけにえ》の子羊」にされる。

規制緩和についてもそう言える。規制にはインスタントラーメンの規制やチョコレートの景品規制などいろいろある。一見どうでもいいと思われる規制が取りざたされ、規制がいかにひどいものであるかが喧伝《けんでん》される。

規制緩和は、「新自由主義」の主張を背景に、すでに「小泉構造改革」以前に要望され実施されている。規制緩和の意図がどこにあったかは、一九九四年に経団連などの財界団体が政府に提出した要望書が示している。要望の過半数が「安全、公害、とくに労働分野の規制緩和の要求」であった。

わたしは、ここでは労働規制の緩和に注目する。さっそく一九九五年十二月、内閣府に置かれた行政改革委員会の規制緩和小委員会が規制の「見直し報告」を提出している。その中では、次のことが提起された

① 労働者派遣法の規制緩和
② 労働基準法の標準労働時間規制の緩和
③ 女子の深夜労働禁止・制限の緩和
（本間重紀『暴走する資本主義』花伝社、一九九八年、一五－一六頁による）


労働者派遣法に注目するならば、その後派遣許可の対象が拡大していった。そして小泉政権下で、二〇〇四年製造業における派遣を解禁《かいきん》するなど抜本的な改正がなされた。これは、国際金融危機の折、「派遣切り」をまねいていった。

規制が〝悪〟であるという作られたイメージ下で、労働規制の緩和がつづく。労働基準法が骨抜きにされていく。最初の方でも述べたが、正規労働者の首をより切りやすくし、また標準労働時間を崩《くず》していく。こうして派遣労働者、パート、アルバイトなどの非正規労働者が労働人口の四割に達するという「偉業《いぎょう》」が成し遂《と》げられたのである。これは格差社会の広がりとワーキングプアの増加を生ん

だ。人間らしい暮らしを維持できない貧困層はどんどん増大していく。規制緩和という大合唱には規制をかけたいくらいだ。

コラム 3-2

ワーキングプア

ワーキングプア（working poor）とは、働いても生活が維持できない貧困層のことを意味する。ここでは年収二〇〇万円以下の人々と定義する。二〇一四年現在、日本におけるその数は一〇〇〇万人を超える。ワーキングプアは、二〇〇六年七月二十三日にＮＨＫスペシャル「ワーキングプア　働いても働いても豊かになれない」が放映されて、国民のあいだで一気にその認識が高められた。ＮＨＫは時々いい報道特集を組む。家賃を払えず、路上生活をする人、漫画《まんが》喫茶《きっさ》を転々とする人が映し出される。パートをかけもって働きづくめで何とか家族生活を維持しようと頑張《がんば》る人がいる。わたしは、異常な状態だと思う。働いても生活を維持できない人々の増大は、社会体制そのものの欠陥《けっかん》を示している。

2　資本主義の勃興期

――男はつらいよ、女と子どもはなおつらいよ――

†労働規制緩和とは労働者の生活切り下げ

わたしは、労働の規制緩和をつらぬき、労働市場を自由化すれば、傾向的に、とんでもなく賃金が引き下げられ、労働時間が長期化すると考える。非正規労働者が増加し、格差社会が拡大する。過労死あるいはそこまでいかなくとも胃病や神経病、うつ病を生む苛烈《かれつ》な労働となる。わたしは、これが昨今の労働規制の緩和の結果でもあると思う。

もちろん経済学の中には、こういう考えもある。〝福祉・社会保障はムダだ、怠け者を利するだけだ。それは労働市場の機能を妨げるだけだ。労働市場に任せよ〟。この考えでは、労働組合というものは、さしずめ労働市場の働きを妨げる「暴力団」ということになる。〝労働市場に任せよ〟という考えから労働規制の緩和という主張が生まれる。

わたしは、この考えが間違っていると思う。労働力は市場で売買される商品である。企業はできるだけ安い賃金でこれを買おうとする。生活がかかっているから、ほんとうは、労働者は弱い立場にあるのだ。失業圧力、飢餓《きが》への脅《おど》しがあれば、企業はこの目標を達成しうる。また商品というものは、本来はこれを手に入れた者の自由になる。煮《に》て喰《く》おうと焼いて喰おうと自由なのだ。企業も手に入れた労働力商品をできるだけ有効に使おうとする。労働規制がなければ、企業は果てしのない労働強化と労働時間の延長といった誘惑《ゆうわく》にかられる。企業にとってとくに機械を遊ばせないために、長労働時間化は避けがたい要求となる。こうした事実は、労働規制のほとんどなかった資本主義の勃興《ぼっこう》期の現実が示している。

†男はつらいよ、女と子どもはなおつらいよ

イギリスにおける資本主義の勃興期には、成年男子の賃金は驚くほど引き下げられた。農村から絶えず労働力が供給された。没落《ぼつらく》した職工たちも賃金労働者となった。機械は労働を単純化した。工場主たちは特別な訓練の必要のない多くの単純労働者を雇《やと》うことができた。こうした圧力のもとに賃金は引き下げられる。もはや成年男子の賃金では、家族を養うのに十分ではない。彼らは、ワーキングプアとなったのである。

家計を維持するためには一家総出で働くしかなかった。児童労働に関する規制がないから、子どもも労働者となったのである。娯楽があまりないから（また電気もなかったから）夫婦で夜の楽しみに励《はげ》む貧乏人は、子沢山である。貧乏人の子沢山は、子育ては大変だが、子どもという労働力に恵まれる。働く女性にとって泣き叫ぶ乳幼児は扱いに困る。託児所《たくじしょ》なんてない。乳幼児を黙らせるためにアヘンチンキ（アヘンを含んだ飲料）を飲ませたという話もある。当時女も子どももお構《かま》いなく労働者は低賃金で朝早くから一日十四時間から十五時間働かなければならない。殺人的とも言うべき長時間労働に労働者は若くして老化し、その体は矮躯化《わいくか》し、その平均寿命も短かった。労働者の住宅街はスラム街をなした。下水も完備してなく、悪臭ふんぷんで、あらゆる病原菌の温床《おんしょう》となった。そのあまりのひどさに金持ちは郊外に逃げ、郊外に住宅街を形成したという（参考文献：角山栄『生活の世界史　10　産業革命と民衆』河出書房新社、一九七五年）。

† **労働規制のはじまり**

市場経済の自由に任《まか》せた結果がもたらすあまりのひどさに政府は規制に乗り出した。一八〇二年に最初のイギリス工場法が制定され、児童労働の一日の労働時間を十二時間に制限した。しかし労働時間の規制には工場主たちの抵抗があった。この抵抗に抗して、労働者たちは立ち上がり、標準労働時間をめぐる闘争を開始した。国と企業側は労働者の団結禁止を振りかざすことによって運動を蹴散《けち》らそうとした。闘争において労働者の言い分はこうである。

自分は確かに労働力をあなたに売った。あなたはわたしの労働力にたいして、煮て喰おうと焼いて喰おうと勝手、と思っている。しかしわたしは生きていくために生涯にわたって労働しなければならない。わずかな期間にわたしの労働力を廃品《はいひん》にされてはたまったものではない。

国家も健康な身体をもつ兵士を確保する必要がある。こうしてイギリスでは数度にわたる工場法の改正がなされた。一八三三年に制定された工場法では、九歳未満の児童労働が禁止され、若年労働力(九歳以上十八歳未満)の労働時間も週六九時間に制限された。一八四七年の労働法改正で、ようやく若年労働者と女性労働者の労働時間が一日十時間に制限された。

† **シーニョアの「最終一時間」説**

しかし、お金に取り憑《つ》かれ、お金の増殖《ぞうしょく》運動に励む工場主、企業経営者たちの抵抗はすさまじい。

企業経営者たちは、労働時間が制限されそうだと聞くや、これに対抗して懸賞《けんしょう》論文を募集した。オクスフォード大学の経済学者シーニョアの『綿業におよぼす影響から見た工場法にかんする書簡』（一八三七年）が懸賞に選ばれた。

シーニョアは、毎日十二時間の労働時間を維持するほかはない、と言う。というのは企業のあげる利潤は労働者の最後の一時間によって生み出されるからだ。残りの十一時間はコストの回収に使われる。もし毎日の労働時間が一時間短縮されると、利潤がなくなってしまう。この考えをシーニョアの「最終一時間」説と言う。企業経営者とこれに応える御用経済学者が、金もうけのために、いかにバカげた考えに取り憑かれるかを示す話であった。市場に任せよと唱えつつ、労働規制を緩和し、労働市場を自由にすることは、このような人々の要求に応えるものである。

コラム 3-3

革新的経営者オーウェン

いつの世にも労働規制にたいする企業経営者たちの抵抗はあまりにひどい。ところが十九世紀初頭に革新的な工場経営者とも言うべきロバート・オーウェンという人物が登場した。かれはスコットランドのニュー・ラナーク紡績工場で、労働時間を短縮し、幼児労働の禁止をおこない、学校や病院を建設した。当時イギリス工場主たちは、彼の行為を利潤追求の「資本の論理」に反するものだとしてバカにした。ところがオーウェンは、そのことによって生産性を上げ、逆に大成功をおさめた。今日彼のニュー・ラナーク工場は世界遺産になっている。

3　労働規制は世のため人のため

† 資本主義の勃興期の現実

資本主義勃興《ぼっこう》期のイギリスの現実は、労働規制のない、あるいはほとんどない資本主義、市場に任せられる資本主義がいかに大多数の人間を悲惨《ひさん》な境遇《きょうぐう》におとしいれたかを示している。似たような話は、世界のあちこちで資本主義の勃興に直面して見られる。明治維新以降の日本もそうであった。今日でも企業は、多国籍企業として、賃金が低く、労働者の抵抗も少ない海外に流れていく。

コラム 3-4

ああ「女工哀史」

戦前の日本では、製糸工場は「女工哀史《じょこうあいし》」の舞台であった。この「女工哀史」を描いた山本薩夫監督の『ああ野麦峠《のむぎとうげ》』は、女優大竹しのぶが主演で、一九七九年の日本を代表する映画である。飛騨《ひだ》の若い娘たちが「野麦峠」を越えて信州（長野県）の製糸工場に働きに行く。女工たちは、高温多湿《こうおんたしつ》の劣悪な環境で長時間働かされる。女工のあいだで結核がはやる。結核は「女工病」とも言われた。「野麦峠」はそのかなりが郷里《きょうり》に帰ることのない若い娘さんたちの哀しい舞台であった。

ところが富岡製糸工場が世界遺産になって、富岡製糸工場は決して「女工哀史」の舞台ではなかった、「ブラック企業」ではなかったという声が吹き荒れている。試しにグーグルで「女工哀史　嘘《うそ》」とキーワードを打ち込んで検索すると、いっぱい出てくる。

富岡製糸工場は、一八七二年に明治政府が官営工場として設立した。当時の「モデル工場」として女工の労働条件は比較的よかったという。政府企業の頃は「富岡乙女」と言われて女工も花形であったという。ところが採算度外視、赤字つづきだった富岡製糸工場は一八九四年に民間に払い下げられた。民営化とともに女工の労働時間が急速に長時間化し、労働環境はいちじるしく悪化していった。女工たちのストライキも起きたという。当時民間の製糸工場のほとんどは劣悪な労働条件、労働環境であった。

『ああ野麦峠』にも、嘘だと罵声《ばせい》が浴びせかけられている。だが、その舞台が、長野県諏訪、岡谷の「民間」の製糸工場であったことも忘れてはならない。原作者たちの念入りな現地調査、聞き取り調査を無視して、ここでも歴史的事実のゆがんだ解釈がなされている。

†八時間労働制への道

労働時間の短縮と標準労働時間の形成は、労働者たちの夢であり切実な要求であった。労働規制は、社会の圧倒的多数をなす働く者が、人間として人間らしい生活をするために必要であった。規制は世のため人のためにあった。日本では労働基準法で標準労働時間が一日八時間と決められている。ところで読者は、八時間の標準労働時間が、昔、労働運動の重要な要求をなし、革命闘争をとおして実現されたことを知っているだろうか。

一八六六年、国際労働運動の組織であった第一インターナショナルが、その大会決議ではじめて八時間労働の法制化を訴えた。一八八六年にはアメリカで八時間労働制を求めて労働者のゼネストが生じた。第二インターナショナルの時代には、メーデーのデモ行進のたびに、八時間労働制の要求が掲《かか》げられた。その中心的な政党であったドイツ社会民主党（SPD、今日のドイツにおいて時々政権を担《にな》う）は、そのエルフルト綱領《こうりょう》（一八九一年）で「最高八時間の標準労働日制度の確定」を要求している。

二十世紀に八時間労働制の実現の流れをつくったのは、一九一七年のロシア革命であった。この時権力を握った労働者政権が「八時間労働日について」という布告をおこなっている。ロシア革命の影響を受けつつ生じたドイツ革命、オーストリア革命で八時間労働制が実現された。ドイツ、オーストリアでは八時間労働制は、革命運動を恐《おそ》れた企業家たちの労働者たちへの「譲歩《じょうほ》」として実現したのである。

標準労働時間八時間という日本の労働基準法は、欧米の労働運動の長い闘争の歴史の重みを背負《せお》っている。現実に社会主義が存在するあいだには、企業側は、勤労者が社会主義という「悪弊《あくへい》」に染まらないように労働諸条件の改善を受けいれた。こうした改善、労働規制は、労働者・サラリーマンが人間らしい暮らしをし、生きる喜びを味わう上では必要であった。経済という言葉は「経世済民《けいせいさいみん》」

（世を治めて民を救う）を語源とする。労働規制は、人間の暮らしを豊かにするというこの語源の目的にそうものである。

しかし一九九〇年前後を境目として東西冷戦体制が終了し、社会主義が崩壊《ほうかい》すると、企業側は、労働者・サラリーマンに「譲歩」しすぎたと感ずるようになる。そしてグローバリゼーションにおける世界を舞台とした激しい大競争に打ち勝つために、人件費の削減をめざして、労働規制の緩和を叫《さけ》ぶ。巧《たく》みにも、〝規制が悪である〟というイメージを振りまきつつ、労働諸条件を改悪していく。

† 優れた企業経営者とは

わたしは、経済の本来の目的が、利潤追求といってお金を増やしつづけることではなく、国民の暮らしを豊かにすることにあると思う。確かにグローバリゼーションにおけるメガ・コンペティションと言われる大競争は厳しい。競争に打ち勝つためには、企業はコスト削減、人件費抑制を強いられる。しかし、にもかかわらず、わたしは、すぐれた企業経営者とは、労働者・サラリーマンに仕事のやりがいを見出させ、生きている喜びを感じるような報酬《ほうしゅう》を与えつつ、企業を成功させる人物である、とあえて思う。

お金が人間を支配し、金もうけ主義が社会を支配する世の中では、こうした企業経営者はまことに立派な人である。イギリスの革新的経営者ロバート・オーウェンがそうであった。またアメリカのヘンリー・フォードがそうであった。彼は、フォード・システムを開発して大量生産体制を築き、黒塗《くろぬ》りのT型フォードを廉価《れんか》に販売して自動車大衆化時代を生み出した。そして、自社の車を自社の従業員が買えるようにと、高賃金を保障した。日本の経営者も、労働者・サラリーマンそして国民が「豊かな社会」を享受《きょうじゅ》できるような賃金・給料を保障し、その結果として個人消費を拡大し、日本の国内市場の充実（内需《ないじゅ》拡大）に貢献《こうけん》してほしいものだ。これはないものねだりなのだろうか。

コラム 3-5

黒塗りのT型フォード

全身黒塗りのT型フォードは、クラシックカーとして魅力的な姿をしている。国土の広いアメリカは、全国の鉄道網を形成する一方で、地方については自動車を主な交通手段としていった。これまで馬車が地域交通網を形成してきたが、自動車は馬車に取って換わったのである。フォードは、この歴史的な流れの形成に貢献した。流れ作業と大量生産を意味するフォード・システムを確立し、自動車の生産を廉価《れんか》なものにした。それとともにこれまで金持ちのオモチャであった自動車は、大衆の消費財となった。フォードは、実用一点張りで、黒塗りのT型車に固執《こしつ》した。

しかし、大衆は豊かになると、嗜好品《しこうひん》をも求めるようになる。この要求に応えたのが、これまでフォードに負けて悔しい思いをしていたジェネラル・モーターズ（GM）であった。一九二三年にGM社長に就任したアルフレッド・スローンは、多種のモデルを生産する事業部制をしき、庶民から金持ちにいたるまでさまざまな階層のふところ具合と好みにあう多様なモデルの車を提供した。フォードは、顧客《こきゃく》の要求をくんで勢いに乗ったGMとの競争に敗れ、一九二七年にはT型フォード車の生産工場をいったん停止せざるをえなかった。

†いわゆる「定常状態」について

豊かになった先進資本主義諸国は概して低成長である。経済学では、成長の止まる「定常状態」の経済さえ語られている。経済学の父であるアダム・スミスも先進国経済はやがて「定常状態」に達すると述べている。成長の止まったこの経済では、国民の生活の質を高めることがめざされることになる。

しかし、日本は、非正規労働者を増やし、格差社会を拡大し、ワーキングプアを生み出しつづけている。その結果として国民の購買力が低下し、国内市場の魅力が失われる。だから企業はますます海外進出に活路《かつろ》を見出し、また輸出によってもうけようとする。いつまでこんなことをやるのだろうか。

大企業は使いきれないほど「内部留保」をかかえている。そのごく一部を使うだけで、ワーキングプア問題は解決する。また日本は外国にたいして世界最大の純債権国、要するに金持ち大国であるから、できないことはない。このように思うからこそ、わたしは労働規制の緩和が許せないのである。

コラム 3-6

日本は世界最大の純債権国

日本は、一九九一年以来二十数年間ずっと世界最大の純債権国をなしてきた。ちなみに純債権とは、海外資産から負債を除いたものである。二〇一三年の日本の海外純資産は三二五兆七〇億円を記録した。

日本が「金持ち大国」であるのにたいして、アメリカは「借金大国」である。つまり一九八六年に純債務国に転落していらい世界最大の純債務国への道をたどった。二〇一三年十二月末の時点では、アメリカは四兆五七七五億ドル（四七〇兆円ほど）の対外純債務を記録している。アメリカは他の追随《ついずい》を許さない断然トップの借金大国である。

第4章 ああ不況！ ああリストラ！
——資本主義と景気循環——

1 不況は世界の七不思議

† ああ不景気

世の中不景気になった時家庭の主婦は、〝夫の会社は大丈夫かしら、夫は大丈夫かしら〟と不安にかられる。共稼《ともかせ》ぎの若い夫婦は、お互いに心配しあう。学生諸君は、「就職氷河期」、「超氷河期」に直面して絶句する。

終身雇用制《しゅうしんこようせい》が崩《くず》れて、サラリーマンも厳《きび》しい。景気後退・不況に直面して会社あるいは配属の部署が営業不振におちいったら、サラリーマンもリストラの対象となる。会社を辞《や》めさせられたら、足元が崩《くず》れていく。これまでの自分の人生はいったい何だったのだろうと思う。かつてリストラの嵐が吹き荒れた時、あるサラリーマンは、辞めさせられた事実を家族に言えなくて、毎日弁当を持って家を出て公園のベンチで過ごしたという話もある。あるいは、自分を問い詰める娘さんにたいして、〝娘よ、俺は悪くはない〟と語ったという話も聞く。

景気後退そして不況は、いつも人間を悲しませる。なぜ不況を解決できない。こんなに科学が発達したというのに、である。経済学の責任だろうか。じつは経済学も不況に迷惑をこうむっている。景気が悪くなれば、大学入試において経済学部の人気が落ちるからだ。繰り返し人類を襲《おそ》う不況は「世界の七不思議」というよりほかはない。今日われわれは、安倍政権による消費税の引き上げが景気の悪化ひいては不況をもたらさないか、不安に思っている。

コラム 4－1

消費税の引き上げ

今年（二〇一四年）の四月、安倍政権は、消費税を五％から八％に上げた。財政のムダ使いだと思うが、景気後退を心配して公共事業を増やしてこれに対処《たいしょ》するという、財政支出を増やす配慮もおこなっている。

消費税引き上げと言えば、われわれは、一九九七年橋本政権が消費税を三％から五％へと引き上げた時、深刻な消費不況にみまわれたのを思い出す。この不況の主な原因は明らかに個人消費の落ち込みにあった。

それまでは日本経済は景気回復過程にあった。一九九六年の経済成長率は三・五％に達し、先進国中でも一、二を争う高率であった。後に「喪《うしな》われた十年」と言われたバブル崩壊後の長期的停滞から日本もようやく脱することができると期待されていた。ところが橋本政権による消費税引き上げは、この期待を吹き飛ばしてしまった。消費不況に山一証券、北海道拓殖銀行の倒産など金融危機が加わり、不況は深刻化していった（参考文献：山家悠紀夫『「構造改革」という幻想』岩波書店、二〇〇一年）。

今回の消費税引き下げは、果たしてどういう結果をまねくのだろうか。四月の小売り売上高は、その前の消費者の駆《か》け込みもあって、やはりかなり落ち込んだ。経済産業省が五月二十九日に発表した四月の小売売上高は前月比一三・七％減であった。九月八日に内閣府が発表した四〜六月の個人消費はマイナス五・一％、年率換算でマイナス一九％と橋本内閣時よりも落ち込みが激しい。そのこともあって四〜六月の実質成長率は、年率換算《かんざん》でマイナス七・一％とかなり深刻な数字を示している。来年（二〇一五年）十月に予定されている消費税の一〇％引き上げには庶民のあいだでは反対の声が強い。(＊)

（＊）本書脱稿後の二〇一四年十一月十八日、安倍首相は、消費税一〇％への引き上げの時期を二〇一七年四月へと一年半先送りすると表明した。

一九九七年から一九九八年にかけて橋本政権による消費税引き上げが消費不況をもたらしたように、不況が政府の失敗の結果である場合もある。しかし、われわれの社会である資本主義の歴史を歩くと、注意して進んでも踏《ふ》んづけてしまうほど不況がゴロゴロと転がっている。われわれは繰り返し景気後退や不況を経験している。不況の原因は政府の責任だけでは説明できない。

資本主義の青年期とも言える十九世紀には何とも不思議な現象が生じた。ほぼ十年おきに、ある日ドカーンと経済が落ち込み、銀行と企業がバタバタと連鎖《れんさ》倒産する世界恐《きょう》慌《こう》が勃《ぼっ》発《ぱつ》したのである。参考までに恐慌が起きた年を抜き出しておこう。一八三六年、一八四七年、一八五七年、一八六六年である。ほぼ十年おきであることがわかるだろう。これを「周期的恐慌」と言う。この何とも奇妙な現象を解き明かそうと、社会主義者であるカール・マルクスという人物は、恐慌論《きょうこうろん》にいたる壮大な執筆プランを立てて『資本論』を書きはじめた。しかし力尽《つ》きて、ついに恐慌論を書かずに生涯を閉じてしまった。とは言え、マルクスは、折《おり》に触れて、恐慌に関連する断片的な叙述を残してもいる。この叙述をめぐって後の経済学者は、さまざまな解釈を示した。すぐ後に取り上げる「過少消費説」もその一つである。

一九二九年世界大恐慌とこれにつづく一九三〇年代世界大不況は、われわれの記憶にまだ残るところだろう。この大不況に資本主義諸国はあえぎ、ついには第二次世界大戦に突入していく。

コラム 4-2

チャップリン

この時代に活躍したチャップリンには名作が多い。たとえば『独裁者《どくさいしゃ》』（一九四〇年）という名作がある。ヒンケル（ヒトラー）が地球儀をもてあそび、風船のごとく後ろ足でポンとこれを蹴《け》り上げる場面が印象に残る。

それより四年前にチャップリンは『モダンタイムズ』（一九三六年）を発表していた。この作品は、大量失業を生み、機械が人間を振りまわす資本主義社会を風刺《ふうし》し、笑いで吹き飛ばす。マイホームをもつことが、チャップリンとヒロインのいじらしい夢であった。酒場でチャップリンが歌うシーンがある。無声映画の中ではじめてチャップリンの肉声が流れる。わたしはチャップリンが歌いながらお尻を振って滑稽《こっけい》に踊るこのシーンが好きだ。

かつて講義の中で『モダンタイムズ』の全部を学生に見せたことがある。感想文の中で「先生の今までの講義の中で一番おもしろかった」と書いてきた学生がいる。これを読んで、わたしは絶句した。さらに、英語がよく聞き取れなかったが、歌でチャップリンが何と歌っていたのか、と問うてきた学生もいた。これは、わたしもわからない。デタラメの歌だったから。

† 景気循環はつづくよ、どこまでも

第二次大戦後、一九二九年世界大恐慌のような深刻の恐慌は生じていない。しかし恐慌の火種がま

だ残っているような予感もいだかれている。一九八七年十月十九日「ブラックマンディ」と言われる株の大暴落が世界同時に生じた。この時、『世界恐慌の足音』というようなタイトルの本が書店にズラッと並んだ。

「百年に一度の危機」と言われた国際金融危機は、今から見ると若者は、「なんだ、たいしたことなかったじゃん」と言うかもしれない。しかしこれに立ち向かったアメリカのＦＲＢ（連邦準備制度理事会）議長のバーナンキは、恐慌の瀬戸際《せとぎわ》だったと語っている。危機に立ち向かった当事者は、底知れぬ恐怖を味わっていたのだ。二〇一四年九月、福島第一原発事故の『吉田調書』が公開された。これによると、東電福島第一原発の吉田元所長は、東日本壊滅《かいめつ》という底知れぬ恐怖を味わっていた。経済の水面下でも、「ほんとうにあった怖《こわ》い話」が結構あるかも知れない。

確かにわれわれは今のところ深刻な恐慌を経験していない。だが、景気循環《じゅんかん》は相変わらずつづいている。われわれは時々不況に襲《おそ》われ、リストラの苦しみも味わっている。資本主義の歴史は、景気循環と不況の繰り返しであった。これは、政府の政策の誤りの結果と片づけることはできない。景気循環と不況は、資本主義という社会体制の中にそのおもな原因が見出されそうだ。

コラム 4-3

景気循環――待てば海路の日和あり？

経済学のテキストを紐解《ひもと》くと、景気循環の波の長さに応じて、次のような分類がなされている。

コンドラチェフ循環（約五十年周期）、技術革新や戦争による
ジュグラー循環（約十年周期）、設備投資による
キチン循環（四十か月前後）、在庫の状況による

すべてこの循環の発見者の名前がついている。いずれにしてもわれわれの経済が景気循環の繰り返しであることを示している。

わたしはかつて、「不況の原因と解決策は何か」という試験問題を出したことがある。次のような答案が妙に印象に残っている。

「われわれの経済は景気循環を描いている。いい時があれば、悪い時もある。不況もやがては好況に席を譲《ゆず》る。ジタバタとしないで、好況になるのをじっと待ちましょう」。

「待てば海路《かいろ》の日和《ひより》あり」ということの答案を目にして、わたしは少し驚いた。「鍋底《なべぞこ》不況」という言葉にあるように、地べたをはったように不況がつづくことがある。歴史において一八七三年から一八九六年までつづいた長期慢性《まんせい》的不況もある。人類は、一九三〇年代をとおして世界大不況に悩んだ。景気循環において、すぐに経済回復をするという保障はない。やはり政府による景気対策が必要なのだ。

すべての不況の時には、大量の売れ残りが生じる。つまり、不況はいつでも過剰生産として生じる。したがって、資本主義にとって特徴的なのは、モノがありあまるということ、モノが豊かになるということがかえって人間に災《わざわ》いや不幸をもたらすということである。資本主義以前には、むしろモノの不足が人類の悩みであった。

不可思議なことに、不況におけるこの過剰生産は、じつは他方における貧困とか不足をともなっている。つまり、そこには、「豊富のなかの貧困」が見られるのである。一方に売れ残った商品の山があり、他方で失業してこれを買えないで貧困にあえいでいる人々がいる。このおかしな事実を、少し古い話だが、次のような話が端的《たんてき》に示している。

失業した炭坑夫の家庭での母と子の会話
子供「こんなに寒いのに　どうしてストーヴをたかないの?」
母「うちには石炭がないいんだよ。とうちゃんが失業したから、石炭が買えないいんだよ」
子供「ママ、とうちゃんはなぜ失業したの?」
母「それは世の中石炭が多すぎるからだよ」
（少し修正したが、林直道『経済学入門』青木書店、一九八一年、一四四頁による）

つまり、子どもの家庭に石炭がないわけは、石炭が世の中に多すぎて、石炭が売れ残っているからである。子どもには理解できない「超常現象」だ。だいぶ古くなった話なので、今の若い人々はピンとこないかもしれない。しかしわたしの子ども時代は石炭ストーブ（と、まきストーブ）であった。木造の古い校舎の教室の前方には、石炭を焚《た》く大きな「ダルマストーブ」というものが鎮座《ちんざ》していた。しかし後ろの席はすきま風が入り、冬の寒さが身にこたえた。逆に前の席は熱くて具合が悪くなる。そんな北海道の学校風景であった。当時の日本は貧《まず》しかった。わたしは、よく道端《みちばた》に落ちている石炭クズを拾う人々を見かけた。このような子ども時代を送ったから、以上の母と子の会話はよくわかる。

† モノがあまって投げ捨てた歴史

モノをつくりすぎて、あまって仕方がない。だから、投げ捨てたという話は、資本主義の歴史につきない。たとえば、一九二九年世界恐慌の時にはコーヒーが過剰《かじょう》生産におちいったが、ブラジル政府が、国中のコーヒーの生産量の三分の一を買い上げて、焼き捨てたという。この時、世界中にはコーヒーを飲みたくても買えない人々が何百万人、何千万人もいたのである。

一九八四年の日本ではキャベツのつくりすぎで、何千トンというキャベツをブルドーザーで潰《つぶ》した。二〇〇五年にもキャベツが採《と》れすぎて大暴落《ぼうらく》し、農家がブルドーザーで処分しているというニュースが流れた。この時、大学生協の学生食堂でもっとキャベツの刻《きざ》みを食べたいと願っていた貧乏教師がいたというのに、である（もっとも講義《こうぎ》でこう話したら、「ちゃんと生協への要望書に書きなさい」と学生が言ってきた）。

純真な子どもならば、あまっているなら足りないところにまわして、と言うだろう。ところがそれができないのだ。そうしたなら、キャベツやコーヒーの価格がもっと下がり、農家が困る。企業にしても売れ残りの商品をただで配ることは、利潤追求という「資本の論理」に反する。お金をもってない人に商品を引き渡すのはとんでもないことである。すべてはお金の問題なのだ。

2　この世に不況はなぜ起きる
――いろいろな意見――

†　不確実性の経済と景気循環

不況とは景気循環の一局面である。われわれの経済は、景気循環を描いて進んでいく。つまり波を描いて進行してゆく。もしも経済が毎年同じ速さで整然《せいぜん》と発展するならば、経済は直線を描《えが》いて進むだろう。ところが現実には、均衡《きんこう》のとれた発展を示すこの直線を中心にして、波を描いて進んでいく。この波は不均衡を示している。不均衡が大きくなると反転していくという繰り返しを意味する。好況という景気のいい局面も経済の不均衡が拡大していくプロセスである。通常の感覚からは、これはなかなか理解できないかも知れない。人間に例《たと》えるならば、たくさんおいしいものを食べて、だんだんブクブクと肥太《こえふと》っていって、やがてメタボにおちいっていくプロセスである。その内ダイエットしなければならない。これと同じで、経済も好景気の時に肥満《ひまん》におちいっては、ダイエットが必要となり、景気の落ち込むプロセスがはじまる。

第1章で述べたように、資本主義的市場経済というものは、見込み生産からなる、リスクいっぱいの「不確実性の経済」である。この経済は、見込み違いを調整する試行錯誤《しこうさくご》の連続として進行する。これが景気循環としてあらわれ、不況もその一局面《きょくめん》をなしている。

† 不況が生ずるのは政府のせい？　それとも太陽のせい？

よくわれわれが聞かされる市場に任《まか》せよという主張は、市場に任せれば万事うまくいくという考えにもとづく。ところが現実には景気循環が支配している。この経済学では、市場の作用の結果として景気循環を説明できない。市場の外部からの要因が景気循環を生み出していると説明するよりほかはない。

たとえば政府の失敗である。景気循環が起きるのは、政府が金融を緩和したり、引き締めたりするせいだ。金融緩和は景気上昇、金融引き締めが景気下降をもたらす。あるいは、政府が通貨供給量を勝手にいじるせいだとも説明される。政府がお金の出る栓を緩《ゆる》めると、景気が上昇する。反対にこれをしめると、景気が下降する。だから経済の正常な発展を実現するためには、政府が勝手にお金をいじるのではなく、経済成長に合わせて通貨供給を一定にすべきであるという主張がなされる（この主張を「マネタリズム」と言う）。

さらには、景気循環の原因を自然現象に求める考えも出てくる。不況が生ずるのは、太陽のせいだという。まるでフランスの小説家カミュの『異邦人《いほう》』を読むような話だ。『異邦人』では殺人を犯《おか》した動機が「太陽のせいだ」と、主人公が述べる。太陽がまぶしかったから殺人を犯したという。景気循環の原因を太陽のせいにする主張を「太陽黒点説」という。

コラム 4-4

太陽黒点説

「太陽黒点説」は、イギリスの経済学者ジェボンズ（一八三五―一八八二年）によって唱《とな》えられた。彼は、景気循環と不況が起きる原因をこう説明する。

太陽活動が活発になると黒点数が増える。逆に不活発になると、黒点数が減る。太陽の黒点数が小さくなると、地球の気候が悪化し、農業が不作にみまわれる。この農業の不作が不況の原因となる。反対に太陽の黒点数が増えると、気候がよくなり、農業が豊作となる。農業の豊作が好況の原因となる。景気循環は、太陽黒点の増減に対応して生ずるのである。

ジョボンズは、このように「太陽黒点説」を唱え、景気循環の原因を自然現象に求めた。果たして、この考えは正しいのだろうか？　確かに統計上、太陽の黒点数の増減の動きと景気循環の動きは似ているところがある。しかしよく見てみると、黒点の縮小と不況の時期がうまく一致しない。だから、まともな経済学者は、「太陽黒点説」を相手にしない。しかし、今日なお相変わらず「太陽黒点説」の信奉者《しんぽうしゃ》が生じている。

† ケインズの考え

市場万能を唱える経済学にたいして、イギリスの有名な経済学者ケインズ（一八八三－一九四六年）が登場して批判した。やさしくかみくだいて説明すると、彼の考えはこうである。

利潤を得る見込みがあまりないと、企業は積極的な設備投資をしない。むしろ投資を抑え、雇用を減らそうとする。その結果、機械や原料にたいする需要が減り、また個人消費も減少していく。こうした需要の減少が景気の下降をもたらす。逆に利潤を獲得する見込みが良好だと、企業は活発に設備投資する。また労働者を積極的に雇《やと》おうとする。こうして機械や原料にたいする需要そして個人消費が増加していく。その結果景気は上昇していく。

このようにケインズは、利潤を上げる見込み、利潤率の高低の予測が変動することに、景気循環の原因を見出した。この変動が生ずる理由は、企業の投資というものが不確実な将来に賭《か》ける行動だからだ。企業家は、彼のもっている知識と経験を総動員して判断するが、それでも将来のことは不確かだ。彼の見込みと判断は、その結果、動揺せざるをえない。この動揺が設備投資の変動に結びつき、景気循環をもたらしていく。

このような考えに立ってケインズは、市場の欠陥《けっかん》を認めた。そして、市場を補うものとして、政府の財政政策の積極的な役割を強調したのである。つまり景気が悪い時には、政府が財政支出を拡大して景気を刺激することを提唱した。彼のこの考えを「誘い水政策」と言う。

しかし、今日ケインズの経済学は権威《けんい》失墜《しっつい》し、〝市場はすばらしい、市場に任せよ〟という経済学的な主張がはびこっている。ケインズ以前の市場万能論の再登場には、墓場の陰でケインズは皮肉な笑いを浮かべているかも知れない。

コラム 4-5

ケインズは投機の達人だった

経済学者が金をもうけることは希《まれ》である。だから金もうけすることを経済学に期待するのはムダである。わたしの学生時代、銀行論の先生が、むずかしい講義の説明の息抜きに、次のような話をした。

ある日女房がこう言ったという。「あなた、うちは何でこんなに貧乏なの。あなた経済学者でしょ！　何とかして！」この妻にたいして先生は、「バカ！　お前は何年俺と連れ添《そ》っているというのだ」と怒鳴《どな》ったという。

講義の他の内容は全部忘れたが、この話だけはどういうわけか今も覚えている。当時わたしは、金融専門家の先生がこう言うのだから、なるほど経済学者とはお金と縁のない存在だと思った。また、経済学者になってこのことを実感している。

ケインズは、経済学者としては珍《めずら》しく金もうけに成功し、大金持ちになった人だ。彼は為替相《かわせ》場の投機《とうき》に手を出した。最初はもうけた。もうけた時、知識と経験を働かせば「お金はいとも簡単に転がりこんでくる」とうそぶいたという。しかし、そのすぐ後に、彼は破産に近い大損害をこうむった。それでも自分の見通しは間違っていなかったと強気の発言をしている。そして、友人からお金を借りたりして再挑戦し、結局相場に勝った。彼が投機でもうけた金額は数十億円にのぼるという。ケインズは、経済学者のなかでも経済の不確実性を強調する人物だが、その主張の背景には投機の自分の経験もあるのだろう。

†「過少消費説」とは

読者は、ここでは本書では珍しく経済学理論的な説明をおこなっていることに気づいたことだろう。景気循環と不況の説明は、経済学の理論的な醍醐《だいご》味《み》をなしている。それだけにむずかしい。しかし、読者は、リストラと家庭の不幸の原因となる不況がなぜ生ずるのか、ぜひ知りたいと思っているのではないだろうか。ここでは、読者のこの期待に応えて、できるだけやさしくかみくだいて説明しているつもりである。もう一つ、いわゆる「過少消費説」に触《ふ》れておこう。

いつも不況という現象は、大量の売れ残りすなわち過剰生産という現象をともなっている。大量の売れ残りは、逆に見れば、消費が少ないという現象でもある。この事実をとらえて「過少消費説」が生まれた。

資本主義社会では、できるだけ多くの利潤《りじゅん》を追求する多数の企業の競争が展開される。競争に勝つために企業は、新製品を開発する。またコスト削減の努力をする。そもそも利潤とは、売り上げからコストを差し引いた残りを意味する。コストが低下するほど多くの利潤を獲得でき、競争に優位にたてる。

そのために企業は、まず新技術を開発し、生産性をあげる。生産性をあげることによってコストを削減しようとする。その結果として生産力が発展し、生産は力強く拡大する。

ところが、企業の同じコスト削減競争は、他方で、人件費の抑制《よくせい》ないし削減をもたらす。コストの中でも人件費は大きいからだ。企業が多くの利潤をあげているのに賃金がなかなか上がらないのは、こうした理由による。しかし労働者は消費者でもある。こうして人件費抑制は、生産力が上がり生産が増加するのに比して、消費の伸びを抑える傾向を生む。すなわち、「生産>消費」ということで、大量の売れ残りを生んでしまう。このことから不況が生ずると説明するのが、「過少消費説」である。

† スウィージーの「浪費の制度化」説

アメリカのポール・スウィージー（一九一〇－二〇〇四年）という経済学者は、この「過少消費説」に立って、現代資本主義についてこう述べている。現代資本主義においては、科学技術の発展によって生産力が発展し、あふれんばかりの富が生み出されている。ところがそれにたいして、労働者の賃金は低く抑えられていて、大衆の消費は過少である。放っておけば、大量の売れ残りが生ずる。また経済成長も望めない。だから経済成長をするためには、膨大《ぼうだい》な浪費《ろうひ》が必要である。この最大の浪費が政府による軍事支出の拡大なのだ。これは「浪費の制度化」を意味する。スウィージーのこの主張は、第二次大戦後「軍産複合体制」（Military-industrial complex）と特徴づけられる経済の軍事化にアメリカが突き進んでいった現実を念頭に置いている。

コラム 4-6

軍用機の墓場

よく経済学では、軍事力は、その便益が全体に行き渡るという意味で「純粋公共財」をなすと言われる。他の不純な公共財にたいして「純粋公共財」だから政府が率先してその充実に尽《つ》くすべきだという主張もある。経済学は、時々とんでもないことを言う。

軍事力を形成する兵器はすぐに古くなっていく。だからこれをムダにしないためについ使ってしまいたくなる。途上国にもいっぱい武器を渡して、部族間の殺し合いをさせてしまう。在庫一掃、新兵器の試用のための戦争が起こりそうだ。兵器はたいてい古くなって、捨てられては新しいものに置き換わる。

読者は、軍用機の墓場というものがあるのを知っているだろうか。アメリカのアリゾナ州ツーソン郊外にディヴィス・モンサン空軍基地がある。そこにいくとまだピカピカな飛行機が四千機ほど並んでいる。砂漠《さばく》の砂が入らないように、継ぎ目などにテープが貼《は》ってある。昔の名機であり退役したB52戦略爆撃機《ばくげきき》やF－4ファントムが、ズラッと並んでいる。空から見ると、まるでミニチュアのように見える飛行機が奇怪《きかい》な幾何学模様《きかがくもよう》を描いている。これは軍用機が行き着いた墓場である。

3　上条自動車株式会社の誤算

ここでは景気循環と不況に関するわたしの考えを述べよう。理論的に難しいところなので、読者の理解を助けるためにも、あえて物語風のフィクションの形で述べたい。以下、ステージをシーズン1～5に分けて説明していく。

† シーズン1　景気回復局面

一九八六年、日本経済は、円高不況からようやく立ちなおって、景気がしだいによくなっていった。この物語は、この景気の回復局面からはじまる。

当時日本の乗用車産業は、六つの会社によって支配されていた。一位豊畑自動車、二位日本自動車、三位トンダ、四位マスダ、五位四菱《よつびし》自動車、六位ＫＣＣの六つである。このうちＫＣＣは新興《しんこう》メーカーで、彗星《すいせい》のごとくあらわれた。

わたしは、このＫＣＣすなわち上条自動車株式会社（Kamijo Car Corporation）の代表取締役社長上条勇である。アメリカのビジネススクール帰りのばりばりの若手経営者である。

ある日の朝、ＫＣＣの豪華《ごうか》な社長室でわたしは、書類に目をとおしていた。社長秘書の益田有香君がいれてくれたコーヒーのカップを口に運ぶ。わたしは経営の状況がよくなっている事実に気がついた。日本の景気の底はすでに脱している。データは次の事実を示していた。

① 従業員のリストラがなされ、賃金も低くなり、人件費が削減《さくげん》された。
② 鋼板などの原材料や燃料価格が下落した。ＫＣＣ系列の下請け企業も低い納入単価で部品を供給してくれる。
③ メインバンクのおおぞら銀行の貸出金利が低くなっている。

つまりすべて、不景気をとおして、コストが低下した事実を示していた。これに加えて不景気の時に生産調整が進み、売れ残った在庫も整理されている。また、これまで消費が抑えられてきた反動として、車の売れ行きもだいぶもどってきていた。とくにＫＣＣの若手技術陣が自由な発想のもとに開発した小型車メトロシティが、若者のあいだで人気を呼んでいる。

わたしは、コスト低下、在庫調整、売れ行きの回復を見て、しばし思案《しあん》した。投資環境がいちじるしく改善され、利潤をあげる見とおしもよくなっている。決断の時がきたと思った。〝よし設備投資を開始しよう〟。

わたしは、秘書の有香君に経営の幹部たちを呼び集めてもらった。ＫＣＣの経営会議で、こうして新しい経営戦略が立てられてゆく。

†シーズン2　景気の繁栄局面

ふたたびＫＣＣ社長室。わたしは、自動車の売れ行きがよくて、生産が間に合わないという報告を目にする。

折からのマネーゲームで異常な株高となっていた。また、狂乱地価が生じていた。アメリカの要請《ようせい》もあって、政府は、二・五％と金利を低く据《す》え置いている。あまりに低い金利に、借り得ということで金あまり現象が生じてしまった。金あまりはバブルを生んだ。ＫＣＣも設備投資に必要以上のお金を手にした。これを使ってルノワールの絵を三〇億円で購入し、わたしの社長室の壁に飾った。株の値上がりなどでニューリッチが大量に生まれた。「資産効果」（資産価格の上昇によるもうけで消費が拡大すること）が期待できた。

「よし、これからは高級車の時代だ」と、わたしはつぶやいた。

景気の回復局面で、わたしは先を読んで、ＫＣＣの高級車戦略をすでに決定していた。これをＣＢＳカー・プロジェクトと言う。つまり、キャデラックとベンツとシーマを足して三で割ったような高級車の開発・製造計画であった。わたしは、楽観的な「期待」に胸がふくらむ。

「よし計画を実行に移す時がきた。設備投資だ、新しい工場の建設だ」

わたしは、こう決断する。ちょうどその折り、市川県の中山知事が、こう申し入れてきた。

「市川県の中核工業団地に工場進出をお願いします。進出してくれれば、向こう十年固定資産税は免除し、また補助金として五億円出します」

当時市川県では、地域開発の目算《もくさん》がはずれ、大量の工業用地があまっていた。わたしは、足元を見て、固定資産税の免除を向こう十五年に延ばさせた。こうしてKCCは、大規模な設備投資を開始する。この時、競争相手の豊畑自動車、日本自動車やトンダも、負けじ、と設備投資をおこないはじめる。投資環境の変化をとらえる各社の判断は同じだった。

自動車産業の設備投資と自動車の増産は、機械、鉄鋼、ガラス、ゴム、電機、プラスチックなど関連産業にたいして、機械・原料・部品にかんする大きな需要を生み出した。鉄鋼業大手の珍日鉄の社長は、鉄が売れて売れて仕方がないので笑いがとまらない。生産が追いつかないというので、珍日鉄でも設備投資を決断する。

こうして、いわゆる「投資が投資を呼ぶ」という現象が生じた。つまり自動車産業の設備投資は、鉄鋼業などほかの産業でも投資を次々と誘発していったのである。

また投資の拡大は労働者の雇用の増大を生んだ。ボーナスもよい。労働者の家庭は喜びに満ちて買い物をする。スーパーでは、今夜は奮発《ふんぱつ》してすき焼きにしようかしらと、ある主婦がつぶやく。こうして個人消費が拡大した。

景気の繁栄局面では、設備投資需要と個人消費が手を携《たずさ》えて螺旋《らせん》的に増加していく。

つまり投資の拡大は雇用の増加を生んだ。そして雇用の増加は個人消費の増大を生んだ。その結果、社会の総需要（投資需要＋個人消費）が拡大した。この総需要拡大に応えるために、また投資が拡大する。このように経済の好循環《こうじゅんかん》が生じたのである。これを「累積効果《るいせきこうか》」と言う。

この「累積効果」は、経済というものはいったん良い方向に転ぶとますます良い方向に向かうという事実を示している。投資需要と個人消費という二つの需要が力強く、累積的に拡大し、これに供給が追いつかない。社会全体は「総需要＞総供給」となった。企業全体にとって、造っても造っても間に合わないという状況が生じた。ＫＣＣも自動車の売れ行きがよくてたまらない。販売店の在庫も不足する状況だ。

販売に生産が追いつかない結果、価格が上昇する。価格が上昇しつつ、利潤が増え、利潤率も上昇する。これが景気の繁栄局面の特徴である。

わがＫＣＣも繁栄局面の恩恵《おんけい》をこうむり、営業成績が上がった。善良な経営者であるわたしは、ちょっぴりだけど従業員たちにボーナスをはずんだ。従業員たちは、夜の居酒屋で酒を酌《く》み交わし、「うちの上司は」とぼやく。そしてめったにないことだが、わたしの噂《うわさ》話《ばなし》をしはじめ、「うちの社長は気前がいいじゃないか」と言い交わした。

✝ シーズン３　景気の過熱局面と景気の反転

舞台は、それから二年たったＫＣＣ社長室。機嫌《きげん》のいいわたしは、社長秘書の益田有香君に投げキッスを送った。「セクハラですよ、社長」と有香君は怒《おこ》る。それでも鼻歌を歌いながら、わたしは、机の上にあった新たな書類、報告書を読む。そして驚いた。

そこには人手不足から賃金が上昇し、人件費の増加が生じたという事実が書かれていた。つまり、日本経済における生産と事業の拡大によって、労働者が次々と雇《やと》われ、その結果として人手不足が生じた。

わがKCCの人事部でも、人手が足りなくなって、ハローワークまでわざわざ出かけては人集めをしている。ハローワークでぶらぶらしている求職者を見つけては、「ちょいと、そこの兄さん」と呼びかけて、KCCの工場まで臨時工《りんじこう》として連行する。いよいよ人手不足に困って、ブラジルに出かけ、日系三世の外国人労働者に頼ろうとさえしはじめた。

人手不足の結果、賃金が異常に高騰《こうとう》している。悪いことはつづく。わたしは、書類をさらに読み進んでびっくりした。

メインバンクのおおぞら銀行の貸出し金利が上がっている。金利負担が大きくなっている。景気がよく借り手がいっぱいいるので銀行は、貸し出し金利を引き上げたのである。

珍日鉄から購入している車体用の薄板の価格が大幅に上昇している。「むむ珍日鉄め、足元を見おって」とわたしはうめいた。

加えて家庭の消費も一巡に達したのか、車の売れ行きも鈍《にぶ》ってきている。

報告書を読み終えて、わたしは、次のような事実を認めざるを得なかった。

① 賃金上昇
② 利子率上昇

③　原料価格の上昇
④　売れ行きの鈍化《どんか》

これらの要因によってKCCの利潤率がいちじるしく低下している。つまり売り上げが停滞したところに、諸コストの上昇が利潤を食っている。このまま行くと、利潤率はかぎりなくゼロに近づいてしまう。利潤を得る見込みが良くなくなり、投資環境がいちじるしく悪化している。今では追加投資をしても追加利潤は出ないのではないか。わたしは、これ以上の投資がムダだと判断して、経営幹部を集め、投資計画の縮小を命じた。

この投資計画の縮小は、他の自動車メーカーでも、同じような判断から次々となされていく。また自動車産業の投資計画縮小は、鉄鋼業など他の産業にも影響《えいきょう》していった。そこでも次々と波及的《はきゅうてき》に投資計画の縮小が生じていく。

この投資の波及的削減の結果、機械設備や原料などへの投資需要が大幅にかつ急激《きゅうげき》に減少した。そして、これを原因として機械や原料の

「需要＞供給」から「需要＜供給」へ

といった需給関係の劇的な逆転がついには生ずる。珍日鉄では、あんなに売れて売れて仕方がなかったのに、今ではさっぱり、と社長が頭をかかえる。珍日鉄社長にとって、まるで目の前にあった需要

が急に消えたようだ。

機械や原料を供給する産業の売れ行きが悪化し、大量の売れ残りが生ずる。まずここで過剰生産が劇的《げきてき》にあらわれたのだ。そしてこれが経済全体にも悪い影響をおよぼしていく。つまりこれらの産業におけるリストラによって、個人消費が減少していく。これが経済全体の売れ行き不振をまねいていく。日本のあっちこっちで「えらいこっちゃ踊り」がはじまった。

† シーズン4　景気後退局面

何ともタイミングが悪いことに、ちょうどその時、日本のバブルが崩壊《ほうかい》した。つまり経済実体からかけ離れたバブルは、景気の曲がり角のシグナルを受けて、また景気過熱を懸念《けねん》した日銀の金融引締めにあって崩壊していく。ニューリッチたちは、「借金取りよ、こんにちは。わたしのお金よ、さようなら」という状況におちいった。バブルの崩壊から、自動車の売れ行きも劇的に落ちた。とくにバブルでもうけた者たちの資産効果を期待した高級車の売れ行きは、ぱったりと止まってしまった。

折悪《おりあ》しくもちょうどその時、市川県のKCC新鋭工場でわが社自慢の高級車CBSカーの本格的な生産が開始した。KCC社長のわたしは、もう真っ青である。バブルの時に少し過大に設備投資しすぎたと悔《く》やむ。私だけでなく、ほかの自動車メーカーの判断も同じであった。

バブル崩壊後、日本経済では自動車、電機業界の過大設備投資が浮かびあがった。つまり金あまり現象に誘われて、どんどん設備投資をしてしまったのである。このバブル崩壊と過大設備投資に直面してわたしは、こりゃ景気の低迷が長くつづくな、と悪い予感がした。

KCC社長としてわたしは、この最悪の状況に対処するために、設備投資計画縮小に加えて大規模なリストラに着手しはじめた。大量の首切りと賃金切り下げによって、人件費の抑制ひいては削減を考えたのである。とりわけ社外工、臨時工といった非正規労働者の削減《さくげん》に邁進《まいしん》した。わたしは、バブルの崩壊がなくても、KCCの売り上げが急速に落ちていっている事実にすでに気がついていた。

つまり投資の波及的削減は、機械や原料を供給する産業で急速な業績悪化をもたらした。そこでは大規模なリストラが敢行《かんこう》された。首切りと賃金引き下げの嵐が吹き荒れたのである。リストラと賃金カットは、労働者が消費者でもあることから個人消費の減少をもたらした。わがKCCもその影響をもろにこうむって、売り上げの減少にすでにみまわれていたのである。

KCCのリストラ戦略は、他の企業も採用していた。日本の企業のほとんどが、まるで自分の首を自分で絞《し》めるかのように、リストラによって個人消費の減少をまねいていった。その結果、いわゆる「デフレスパイラル」と言われる現象が生じた。日本中あっちこっちの家庭で嘆《なげ》きの声が聞こえた。スーパーでは、すき焼きはもう夢のまた夢なのかしら、とある主婦がつぶやく。

投資の削減による景気後退は、リストラをまねき、その結果として個人消費の減少をもたらした。この個人消費の減少は、さらなる景気の悪化をまねいた。こうして投資環境がいっそう悪化して、さらなる投資の削減、さらなるリストラが進行していく。今や「負《ふ》の累積効果」が生ずるにいたったのだ。

この「負の累積効果」は、われわれの経済が、いったん悪い方に向かうとますます悪くなっていく、という事実を示している。投資の減少と個人消費の落ち込みが相互に関連して進行し、経済はどんどん悪化していく。「もうどうにも止まらない」この「悪循環」によって経済は、不況の泥沼に沈んでいったのであった。

† シーズン5　ＫＣＣその後

舞台は、それから半年後のＫＣＣの社長室……わたしは、暗い目をして窓の外を眺《なが》めている。物思いにふけったわたしに、社長秘書の益田有香君もしばらく声をかけない。

世の中、不景気で車の売れ行きが落ち、車置き場に売れない車がズラッと並んでいる。野ざらしのままである。その一方で、首を切られて、生活に困った人々が街をうろつくようになる。ホームレスも目につくようになった。一方に売れ残りの商品の山、他方に多くの人々の貧困。これが不況の時の資本主義的市場経済の典型的な現象である。金もうけにどの企業も走ったあげくの結果である。しかし社長のわたしは、〝みんなわたしのせいなのよ〟とは、口が裂《さ》けても言えない。一方であまったモノを他方の足りないところにまわせば、万事解決するのだが。失業して〝俺たちには明日がない〟と嘆く労働者たちとその家族もきっと喜ぶことだろう。だが、そうはいかない……。

こう物思いにふけっていた時、突然秘書の有香君がわたしに話しかけてきた。

「社長、この際、自動車をタダでみんなに配ったらどうでしょうか？」

わたしは、びっくりした。「馬鹿者！　そんなくだらないことを考えるより、やることがいっぱいあるだろう」とは、お気に入りの秘書だから絶対言わない。わたしはゆっくりと教えさとすように言う。

「民間企業であるKCCは、利益と採算を度外視したそんなことはできません」

有香君はペロっと舌を出して「そうでしょうねえ」と言う。そのうち、わたしは人が変わったように語りはじめる。

「KCCが苦境《くきょう》から脱するためにやることは、こうです。

第一に、労働者をもっと整理し、賃金を切下げ、人件費を減らす。

第二に、残業を増やし、ベルトコンベアのスピードをあげて、残った労働者を少しでも有効に使う。

第三に、下請け企業を締め上げ、部品の納入単価を安くする。こうして、コストをギリギリまで切り下げる。

第四に、日本人にタダで使わせるよりは、アメリカなどへの輸出をもっと増やす。

これが、KCCの『生き残り戦術』です。これは他のどの企業もやることです」

秘書の有香君はわたしを見つめながら、「さすが社長！」と言った。そして心の中では、〝ほんとうに他の道はないのかしら〟とつぶやいたのである。

4　財政危機の真犯人はいったい誰か

以上、設備投資にもとづく景気循環の話をフィクションの形で示した。登場人物もフィクションである。この話にもとづいて、景気循環と不況にかんするわたしの見解をまとめておきたい。

†　投資の波と景気循環

景気循環が生ずる大きな原因は、利潤を得る見込みの変化と、これによって生ずる投資の大きな波である。投資の波は、金もうけが支配する、不確実な市場経済において、民間企業の私的判断に投資が任《まか》されていることから生ずる。民間企業は、将来にたいする利潤を獲得する見込みから投資判断をおこなう。この見込みが悪いと、投資を控える。そしてこの投資判断の点では、悪い投資環境の共通の認識にもとづいて、多くの企業が一致する。投資は集中的に増加して景気上昇をもたらし、集中的に減少して景気後退をもたらす傾向がある。利潤を獲得する見込みにもとづく投資の変動が景気循環を主導《しゅどう》するのである。

†　「景気の反転」について

とくに「景気の反転」について述べると、「景気過熱局面」では経済の不均衡《ふきんこう》が深刻化していく。この不均衡は、賃金上昇、金利上昇、原材料価格の上昇などの形であらわれ、利潤率を引き下げる要因となる。人手不足は景気過熱を示すシグナルをなす。これらの要因が投資環境を悪化させ、企業の「利潤期待」を悪化させる。追加的投資が追加的利益を生まないのではないかという予感が生ずる。その結果として各企業による投資計画の見直しと縮小がはじまる。これが投資需要の急激な減退をもたらす。そして機械・原料をめぐる需要と供給の関係を急激に逆転させる。つまり、「需要∨供給」から「需要∧供給」へという逆転が生ずる。この逆転が景気の反転をもたらしていく。今や機械・原燃料を供給する産業が主導する形で、景気後退が生ずるのである。

繰り返して確認すると、市場経済においては、経済の不確実性のもとで投資が個人と民間企業に任されている。そのかぎり、投資の大きな波が生ずるのであり、だから景気循環は避《さ》けがたい。

† リストラと個人消費の減少

もちろん、労働者・サラリーマンの家庭にとって「リストラ」の話が重要である。景気の反転は投資環境の悪化による投資の減少をきっかけとして生ずる。景気後退とその深刻化《しんこくか》をもたらす上では、リストラによる失業の増加と個人消費の減少が大きな役割を果たす。企業は景気後退がはじまると、人員を整理し、賃金を切下げ、コストの削減をおこなう。この企業の努力の結果として、個人消費がどんどん減り、衣服や家電などの消費財を供給する企業の売り上げが深刻な打撃《だげき》をこうむる。今や生産に比して消費の過少という現実が深刻な形で生ずる。投資と個人消費の減少は、相互関連的に進行して、負の悪循環をなす。これが、景気後退を深刻化し、不況をもたらしてゆくのである。

リストラは、経営の悪化におちいった時の個々の企業の行動としては合理的なものだろう。しかし社会全体にとっては景気後退の深刻化という最悪の結果をもたらす。にもかかわらず、お金の獲得をめぐる弱肉強食の競争戦のもとでは、企業は、このことが「わかっちゃいるけどやめられない」。こうして労働者・サラリーマンの多くの家庭の嘆《なげ》きをともないつつ、経済は不況の泥沼《どろぬま》に沈《しず》んでいく。

以上が景気循環と不況に関するわたしの基本的な見解である。見込み投資と過少消費の問題を結びつけて論じていることが、その特徴をなす。もちろん現実の景気循環においては、様々なその変化形が生ずる。わたしの話の中では、日本経済におけるバブルとその崩壊《ほうかい》を挿し挟《はさ》み、基本的見解に少し変化をつけておいた。景気のサイクルも少し短かめに設定した。

おわかりいただけただろうか。説明が堅《かた》すぎてわかりづらかったと感じた読者は、もう一度「上条自動車株式会社」のシーンをリプレイしていただきたい。

† あまったものをタダで配れない

不況とはまことに不可思議な現象である。不況におちいると、一方に売れない商品の山、他方に失業と貧困という、何とも奇妙な対極的現象にわれわれは悩まされる。多くの労働者・サラリーマンはリストラされ、本人と家族は地獄の苦しみを味わう。もちろんお金をもたないから、あまっている商品を買うことはできない。

子どもならば、あまっているものを足りないところにまわせば、と単純に思ってしまう。しかし、われわれはこの単純な解決策をとることはできない。これは、お金が支配し、お金を増やすことが支配している世の中の「掟《おきて》」に反する。利潤抜き、損得抜きで、みんなに自慢の製品を企業にタダで配れと言うようなものだ。われわれの社会が資本主義であるかぎり、この単純な解決策はとれない。

景気循環と不況は、個々の企業の力ではどうしようもない。企業はリストラに励《はげ》み、個人消費を減らして、自分の首を自分で絞《し》めるだけである。そして不況の底で経済のダイエットが進むのを見ていることしかできない。賃金と利子率の低下、在庫の整理など新たな景気循環に向かう条件が整うのを待つことしかできないのである。

† ケインズ政策の登場

というわけで資本主義社会は、需要不足や過剰生産の処理を国家に委《ゆだ》ねた。いわゆるケインズ政策の登場である。ケインズ政策は、国家が財政支出の拡大によって需要を創出し、大量の売れ残りを処理して、景気を刺激する。

民間企業は、政府が景気対策をとり、商品を買い上げてくれることによって助けられる。経営危機におちいった民間銀行は、政府の「公的資金の注入」によって命拾いをする。

しかし、企業と財界は、喉《のど》もとを過ぎたら熱さも忘れて、財政危機のすべての責任を政府と公務員に押しつけようとする。財政赤字の拡大の主要な原因が、決して公務員、ダメ政府にあるのではなく、市場の失敗、民間企業の失敗の「尻拭《しりぬぐ》い」の結果にあるというのに、である。どういうわけか公務員攻撃は歓迎《かんげい》される。しかし、あまり公務員をいじめると、日本の将来への対策、都市の再生と街づくり、村おこしに情熱を燃やし、窓口で市民に親切に対応しようと努力している多くの人々もいるのに、その意欲を奪《うば》ってしまう。

†赤字財政政策は「麻薬」の心地よさ

このケインズ政策は、ひと頃非常にうまくいっているように見えた。ケインズ政策が実践《じっせん》された一九六〇年代のアメリカでは「ゴールデンエイジ」（黄金時代）と言われる経済の繁栄がもたらされた。

しかしそのうち、ケインズ政策は、ある種の副作用をともなっていることがわかった。いったん財政支出を拡大したならば、なかなかこれを止めることができない。財政支出を削減しようとすると、政府による需要の減少にともない、経済は景気後退におちいる。これを避けて景気拡大を維持するためには、現実には政府は絶えず財政支出を拡大しつづけなければならない。

これは経済に絶えず麻薬《まやく》を打ち込むようなものだ。麻薬を打てば気分がよくなるらしいが、やがて中毒におちいる。麻薬が切れた時には地獄の苦しみが待っている。麻薬には副作用がともなう。政府の財政規模が大きくなり、財政赤字が巨大化すると、インフレが加速化し、ひいてはスタグフレーション（インフレと不況が同時に並存する現象）という副作用が生じてしまった。こうしてケインズ経済学の権威失墜《けんいしっつい》が叫《さけ》ばれるにいたった。

おもしろいことに、その結果として経済学はケインズ以前にもどってしまった。〝悪いのは政府だ！　市場はすばらしい！　市場に任せよ！〟これが「新自由主義」と言われる、新しい装いを凝《こ》らして再登場した古い経済学のかけ声だった。そしてこのかけ声のもとにわれわれは、市場の暴走によって、例の国際金融危機に突入していったのである。

コラム 4-7

インフレ景気はカラ元気

お金は経済活動の基準をなすから、政府が下手に通貨をいじってはいけないというのが、経済学の大方の見方である。ユーロの番人である欧州中央銀行（ECB）もその最大の目標（唯一の目標と言っていいかも知れない）は、通貨の安定であり物価の安定にある。

ところがアベノミクスでは、日銀が空前絶後《くうぜんぜつご》のお金を流通に投入し、物価上昇によって経済成長を遂《と》げるという話が語られる。これまで日本経済はデフレに悩んできたから（庶民は低価格を楽しんできたのだが）、こうした話は歓迎される向きもある。確かに原材料などの輸入価格の上昇、消費増税による物価上昇、天候不順による野菜価格の上昇などによって、日本の物価はじわじわっと上がってきた。にもかかわらず日銀は、消費増税による景気悪化に対処するために、お金をどんどん増やしていく。

しかし、そのうち財布のあまりの減り具合にたまらず、庶民による賃上げの圧力も強まっていくだろう。賃上げは庶民の暮らしにとって必要である。だが、その結果として物価と賃金の追っかけっこ（「賃金・物価スパイラル」と言う）が生ずる危険もある。また「インフレ心理」も働く。こうなれば狂乱インフレへとまっしぐらである。

歴史を振り返ると、確かに「インフレ景気」というものがあった。しかし、これは「カラ景気」と言われた。これを「花見酒の経済」と言う者もいる。つまり、「インフレ景気」の後には、通貨の安定化のために深刻な不況ないし「安定恐慌」が生じた。お花見でお酒を飲んで楽しくドンちゃん騒《さわ》ぎをやった後に二日酔《ふつかよ》いに悩むようなものである。この時庶民は「祭りのあとのむなしさ」を味わわなければならない。

第5章　この世はバブルの繰り返し

――カネに群がる「懲りない面々」――

1　バカをやったとあんなに思ったのに

†「アベノミクス・バブル」

かつて一九九〇年に日本のバブルが崩壊《ほうかい》した時、日本人の多くはなんであんなバカなことをやったんだろうと思ったのではないか。二度とこんなことはしないと誓《ちか》った人もいただろう。ところが今またバブルが話題となっている。いわゆる「アベノミクス・バブル」と言われる株高である。

アベノミクスでは、金融の「異次元の量的緩和」と称して、日銀がドボドボお金を流通に投じて、円安と株高をもたらしている。しかし、他方で、輸出はたいして増えず、景気に対する効果も薄い。

このような状況下で、安倍政権は消費税の引き上げを敢行《かんこう》し、個人消費の大幅な減少と景気悪化をもたらしていった。
あまり良い材料がないので、だからこそ安倍政権の株高にかける執念《しゅうねん》は強い。安倍政権は公的年金（一二〇兆円）の株式運用の拡大を株価対策として掲《かか》げる。つまり政府は率先して株式バブルを生み出していく。この話は、一九八〇年代後半の例の日本のバブルを思い出させる。

コラム 5-1

アベノミクスの誤算

① アベノミクスとは

アベノミクスとは、安倍とエコノミクスをくっつけた造語であり、安倍晋三政権の政策の総称《そうしょう》である。この政策は「三本の矢」からなる。言葉の響きがいいのが、その特徴である。だから、国民のあいだで期待を生み出した。しかし、経済学者の目から見ると、それは、これまでのいろいろな政策を混合した、「安倍のミックス」であるという感じをまぬがれない。

② 「三本の矢」とは

「第一の矢」は、二%の物価上昇を目的とした「金融の量的緩和政策」を内容とする。これはアメリカの政策を模倣《もほう》したものである。その意図は、円安を誘導《ゆうどう》し、日本の輸出競争力を高めることにある。

「第二の矢」は、「大型公共事業」の拡大を内容とし、財政支出による景気刺激政策を意味する。これは、ケインズ主義的な政策だと受け取れる。

「第三の矢」は、「新成長戦略」と銘打《めいう》っているが、法人減税と規制緩和を柱としている。基本的には、「小泉構造改革」以来の「新自由主義」路線を継承《けいしょう》したものだろう。

③「第三の矢」と「第二の矢」

便宜《べんぎ》的に「第三の矢」から説明をはじめると、これは、企業の収益力・競争力を高めることを意図した「長期戦略」である。「三本の矢」の中では、その具体化が一番遅れた。二〇一三年の「成長戦略」発表時には失望が生じ、一時株価が下落する動きも生じた。われわれには、二〇％台への法人税の引き下げ、「国家戦略特別区」、「残業手当ゼロ」をめざした労働規制の緩和のことで知られている。大企業を優遇《ゆうぐう》し、庶民には厳しい内容となっている。しかも、これは景気にたいする即効性《そっこうせい》があるわけではない。この即効性は、他の二本の矢に期待されている。

「第二の矢」の「大型公共事業」は、経済学者のあいだでは、景気刺激効果が薄《うす》れてきており、あまり効果が期待できないというのが大方の意見だ。たしかにわたしのまわりでは、「北陸新幹線」が話題となっている。地元である石川県の建設土木会社では、アベノミクスによって多くの注文が舞い込んできており、土木作業員の人手不足もあって、とても仕事をこなせないという「うれしい悲鳴」(?)が上がっている。「北陸新幹線」という新たな動脈がもたらす観光などの地域振興効果が期待されている。しかしわたしは、第二の矢が、その多くの点で、ゼネコンを喜ばせるだけで、景気効果が薄く、むしろ放漫《ほうまん》財政による財政危機の深刻化をもたらすのではないかと懸念《けねん》している。マスコミには、民主党政権の時と同様に、〝その政策の財源は？〟と安倍首相に厳《きび》しく問いただしていただきたい。

④「第一の矢」――賃金が上がらないのに物価が上がるばかり

だからこそ、現在のところ、「第一の矢」の「金融の量的緩和政策」に期待が集まっている。これは、円安、株高、物価上昇をもたらしていて、われわれ庶民にとって身近な話題となっている。しかし、そこには大きな誤算《ごさん》があった。

つまり、円安による輸出効果があまりないのだ。それは日本企業の海外生産比率が高いからだ。たとえば日本を代表する輸出産業と言われた自動車も今や一六〇〇万台を海外で生産し、輸出は四〇〇万台にすぎない。自動車の売上額全体の半分以上は海外であげられている（二〇一三年）。円安によって輸出はあまり増えない。逆に原料・燃料の輸入価格が上昇し、輸入が増えた。日本は膨大《ぼうだい》な貿易赤字ひいては経常収支（貿易収支＋貿易外収支）の赤字におちいった。二〇一三年における日本の貿易赤字は約一四兆円と、とうとう過去最大になってしまったのである。

経済成長もあまりぱっとしない。二〇一四年には消費増税の影響で、景気はかなり下がると予測されている。なお、十月七日にIMFは、二〇一四年の日本の経済成長率の予想を〇・九％へと大幅に下方修正した（『ロイター』東京　二〇一四年十月七日）。日銀は、景気対策のために、より勢いよくお金を流しつづけるだろう。
庶民は、賃金・給料が上がらないのに、円安による原材料などの輸入価格の上昇から生ずるインフレに悩まされる。これに消費増税による物価上昇が加わって、ダブルパンチをこうむっている。株高でウハウハと喜んでいるのは、外資と金持ちだけだ。それでもアベノミクスに期待する庶民は、ほんとうに気がいい善良な人々である。「愉《ゆ》快《かい》な仲間たち」でもある。

† 狂乱地価と日本のバブル

一九八〇年代は金融規制緩和による金融グローバリゼーションが進んだ時代であった。日本でも「金融ビッグバン」といわれる一九八六年のイギリスのサッチャー首相による金融規制緩和がよく取り上げられる。この時、金融の二十四時間体制が形成された。ニューヨーク市場が閉じれば、日本とアジアの市場がはじまり、日本市場が閉じればヨーロッパ市場が開く。これが二十四時間体制という形で連結されたのである。当時のニュース特集番組では、ある金融機関のディーリングルームが映し出された。〝モニター画面から目を離すのが怖《こわ》くて、外に食事にいけない〟とディーラーの一人が語る。

これを背景にして、日本政府は、東京を国際金融都市にするというスローガンを打ち出した。東京にビル建設ラッシュが生ずる。それが狂乱地価の引き金になった。狂乱地価が東京から地方に広がっていて、日本はバブルに突入していったのである。当時銀行も地上げ屋になった。当時タクシーの運転手はこう語ったという。

〝昔銀行員を乗せると「お客さん、銀行の方ですね」と自信をもって当てることができた。最近では銀行員なのかヤクザなのか、さっぱりわからなくなってしまった〟。

†　NTT株の放出と株の「宇宙人相場」

日本のバブルですごかったのは、この狂乱地価と並んで、「宇宙人相場」と言われた株式バブルだろう。これは、一九八六年のNTT株の第一次放出がその引き金となった。一九八六年のある朝のわが家の夫婦の会話である。

「あなたNTT株を買おうかしら」とわたしの妻が切り出した。

「やめとけ」とわたしは言った。

この「やめとけ」の一言が夫婦不和の原因となった。わたしは、当時大方の専門家がNTT株はせいぜい五〇～六〇万円程度が妥当な線で、高くても八〇万円だろうという見方をしているのを知っていた。ところが、NTT株の売り出し価格は、一一九万七〇〇〇円であった。わたしは政府が自らの財テク（財務テクノロジー）のために国民を煽《あお》った結果であるとこの事実を判断した。ところがNTT株は東証株式市場で一六〇万円の初値《はつね》をつけた。そしてわずか三か月後に三〇〇万円に跳《は》ね上がった。折悪《おりあ》しくもわたしの妻の知り合いが、NTT株を買っていて家族で祝杯をあげていた。妻は怒って、わたしにたいして「山のカミ」に変貌《へんぼう》した。

一九八七年十一月政府はNTT株の第二次放出をおこなう。この時またわが家における夫婦の朝の会話がはじまった。

「あなたＮＴＴ株を買おうかしら」とまたわたしの妻が切り出した。

「やめとけ」とわたしは言った。彼女は少し抵抗する。

「だってＮＴＴ株でもうけたわたしの友達が、ＮＴＴ株は五〇〇万円まで上がると言って、買い増しするようよ」

わたしは頑《がん》として拒否《きょひ》し、今度は経済学者としての面目を果たした。わたしは次の事実を知っていた。一九八七年十月十九日ブラックマンディと言われる株の大暴落が生じた。政府は証券会社の幹部を呼び集めて、〝株価の低迷《ていめい》したＮＴＴ株をなんとかせよ〟とはっぱをかけた。政府は二五五万円でＮＴＴ株を放出したのだが、その後の経過は悲惨《ひさん》であった。バブル崩壊《ほうかい》後の一九九二年にはＮＴＴ株はとうとう四五万三〇〇〇円の最安値をつけた。

† 日本人はなぜバブルに踊ったのか

いったい日本のバブルはどうして生じたのだろうか。日本人が欲に目がくらんだ結果であったのだろうか。そうとも言える。この時ほどお金という物神《ものがみ》が人間の頭の上でサンバを激しく踊りまくった時はない。当時日本人の目の中には￥マークがネオンサインのように光っていた。しかし、わたしは一番の責任が政府にあったと思う。ＮＴＴ株の放出で政府が財テクに走ったことがバブルを煽《あお》った。「財テク」という言葉は、バブルの当時流行語となった。当時ＮＨＫ報道特集で放映されたが、お寺のお坊さんまで財テクに走り、株を買った。お寺のお坊さんが叩く木魚《もくぎょ》からは、〝財テク財テク〟という音がしたという。

政府の責任はまだある。政府は、アメリカのドル防衛の要求を受けて、金利をアメリカより低く設定し、二・五％という当時としては記録的な低水準を維持《いじ》した。というのは、お金は、水の流れとは反対に、金利の低いところから高いところに流れるからだ。たとえば預金者が利子の低い銀行から利子の高い銀行に預金を移すがごとくである。こうして流れ込むマネーで、アメリカはドルを高めようとしたのである。

日本政府は、景気が上がっていったのにもかかわらず二・五％という歴史的な低金利を維持しつづけた。その結果、「過剰流動性《かじょうりゅうどうせい》」、くだいて言うと「金あまり現象」が生じてしまったのである。あふれるお金は、土地、株、美術品、ゴルフの会員権などに向かった。株価や土地は値上がりつづけた。人々には、目の前にニンジンのように金もうけのチャンスがぶら下がっているように見えた。これに手を出さないのは、お金が支配する世の中の「倫理規定」に反する。そこでみんな金もうけに走ってしまった。お金は踊り、人間もいっしょになって踊った。政府の罪は大きい。

† バブルはやっぱり泡となって消えた

日経平均株価は、一九八九年十二月二十九日の大納会《だいのうかい》で三万八九一五円八七銭と最高値をつけた。しかし一九九〇年に入ってバブルの崩壊がはじまる。一九九〇年十月一日には日経平均株価は一時二万円割れとなった。わずか九か月あまりで半値に近い水準にまで下がったのである。一九八九年に東証上場企業の株式時価総額は六一一兆円であったが、一九九二年八月には二六九兆円に減少した。半分以上が泡《あわ》となって消えてしまったのだ。

コラム 5-2

日本人の金銭感覚は完全に狂った

当時日本人の金銭感覚は完全に狂ってしまった。安い値段をつけたら売れないから、高い値段をつけたら飛ぶように売れたとか。ブランド品、宝石が飛ぶように売れたとか。会社が気前よく社員旅行で社員を海外に連れて行ったとか。ボーナス袋が厚くて机の上に立てたら直立したとか。就職活動で学生が入社すると約束したら車や海外旅行をプレゼントされたとか。窓口の銀行員が勘定《かんじょう》を間違えて一〇〇万円余計にポンとくれたとか。嘘《うそ》か真《まこと》かわからないが、インターネットにはこのような話がゴロゴロと転がっている。

2　まわるまわるカネ車、この世はバブルでいっぱいだ

† 繰り返されるバブル

アベノミクスで株式バブルが発生してきている。隣の中国では不動産バブルが発生している。

「シャドウバンキング」(「影の銀行」)という怪《あや》しげな言葉が耳に聞こえてくる。政府の規制から外れた投資会社が金持ちからお金をいっぱい集めて不動産投資する。中国の地方政府も手を出している。これが中国の「シャドウバンキング」の意味だ。一説にはその規模は、約三〇〇兆円あるいは約四〇〇兆円におよぶと言われている。中国の不動産バブルがいつ破裂《はれつ》するかが話題となっている。もしも破裂したら、中国と経済的関係が深い日本は大打撃を受けるだろう。

われわれにとって例の二〇〇八年九月十五日の「リーマン・ショック」を象徴とする国際金融危機が記憶に新しい。この日の真夜中、たまたまわたしはパソコンの画面を開いていて、ニューヨーク市場でナイヤガラの滝のように株が大暴落していった光景をリアルタイムで目撃した。深夜の怪談よりもこわかった。

国際金融危機の時は——後に詳しく説明するが——「サブプライムローン」という低所得者向けの非常に信用の低い住宅ローンが話題になった。このローンは、住宅が値上がりつづけることを前提としていた。低所得者がその値上がり益によってしか返済できないような危ないものであった。住宅バブルの破綻から国際金融危機が勃発《ぼっぱつ》した。ドイツ最大のドイツ銀行など有名な銀行が損害ランキング表に並んだ。

† バブルは「多年草」のごとく

それにしてもよくもまあ次から次へと「多年草」のごとくバブルが生じる。マネーゲームの中で物《もの》神《がみ》をなすお金が踊り狂う。企業も銀行も人間もお金に取り憑《つ》かれ、お金の増殖運動に振りまわされる。夢はバブルへとふくれ上がる。人々は異常な熱狂に取り憑かれる。それはギャンブルの熱狂である。ギャンブラーだけではなく、「普通の人々」がこの熱狂に取り憑かれる。ますます多くの人々が、経済の「複雑なプロセスについての正しい理解をもたずに、金持ちになろうとする」(C・P・キンドルバーガー『熱狂、恐慌、崩壊　金融恐慌の歴史』吉野俊彦他訳、日本経済新聞出版社、二〇〇四年、二二頁)。経済はユーフォリア(陶酔《とうすい》状態)におちいる。そして奈落《ならく》の底へとつづく道を歩きはじめる。現実には市場は、そのすばらしさを讃《たた》える経済学のテキストの説明とは異なり、よく道を踏み外し、バブルにおちいっていく。マネーゲームで一山《ひとやま》あてようと考える人々は尽《つ》きない。カネの中の「懲《こ》りない面々」が「夢よ、もう一度」と、同じことを何度でも繰り返す。

歴史を振り返ると、第3章で見たように、一九二九年のニューヨーク株式市場の株式の大暴落が有名である。これは「金ぴか時代」と言われた一九二〇年年代のアメリカの経済的帰結《きけつ》であった。この時、不動産バブルもあった。よく見もせずに土地を買って後で見に行ったら、買った土地がカリフォルニアの海の中にあったという話もある。

† 古代ローマの頃から

いったいいつの頃からバブルをもたらす投機《とうき》がはじまったのだろうか。歴史を紐解《ひもと》くと、どうも古代ローマの時代かららしい。ローマ市民は、富を蓄積《ちくせき》し、見せびらかせて消費し、賭博《とばく》をしたりするのが好きだった。広場に集まっては投機の話もした。投機家にはギリシャ系ローマ人が多かったから、「グラエキー」（ギリシャ人）と言えば投機家の総称をも意味した。文豪《ぶんごう》で第五代皇帝ネロの側近でもあったペテロニウスは、「貪欲《どんよく》な高利と賭《か》けが二重の渦巻きになって、庶民は破滅した」と書いている（エドワード・チャンセラー『バブルの歴史』山岡洋一訳、日経BP社、二〇〇〇年、二〇‐二三頁より）。

† チューリップ投機

しかし何と言っても有名なのは、一六三〇年代におけるオランダの「チューリップ投機」と一七二〇年におけるイギリスの「南海の泡沫《ほうまつ》」だろう。

一六三〇年代オランダは、最強の海洋貿易国家として世界をリードし、所得水準も高かった。キリスト教（カルヴァン主義）の禁欲精神も忘れて、人々は「富顕示欲《とみけんじよく》」を満たそうとした。富の象徴としてその格好《かっこう》の材料を与えたのがチューリップである。人々は、チューリップのめずらしい球根《きゅうこん》で一山《ひとやま》あてようと異常な情熱に取り憑《つ》かれた。チューリップ愛好家のみでなく庶民も熱に浮かれた。彼らは、まず自分でも買える程度の安い球根を手に入れ、それが値上がるのを喜んだ。そして投機にのめり込み、居酒屋で投機取引を盛んにおこなったのである。そのうちチューリップの球根一つで家が一軒建つというほどのバカげた価格がつけられるのも出てきた。

ある日取引の中心地ハールレムで、チューリップの買い手がいなくなったという噂《うわさ》が流れた。一六六七年二月三日「チューリップ・バブル」は、突然崩壊《ほうかい》した（チャンセラー、同上、三七‐四四頁による）。

†　南海の泡沫

「南海の泡沫」とは、一七二〇年にイギリス中を熱狂させたバブルの事件であった。バブルの発端は南海会社のある計画にあった。この会社は、一七一一年にイギリス政府によって設立され、南米および南太平洋の貿易の独占権をもった。一七二〇年に経営者たちは、政府が発行した各種国債を「南海会社」の株式と交換するという金もうけの計画を立てた。

南海会社は、政府に七五〇万ポンド支払う約束のもとに、額面総額三一五〇万ポンド（額面一〇〇ポンドで三一万五〇〇〇株）の株式を発行する権限が与えられた。国債との交換は、南海株（南海会社株）の時価（その時々の株価）でなされたから、株価が高いほど、会社に利益が得られる。

たとえば、株価が額面の二倍すなわち二〇〇ポンドならば、国債との交換では国債保有者に半分の株を手渡すだけでよい。国債と交換した後に残る半分の株の販売が会社の利益となる。この場合、株の販売による会社の利益の合計は、「二〇〇ポンド×三一万五〇〇〇株÷二」という計算で、三一五〇万ポンドとなる。会社は、この中から政府に七五〇万ポンドを支払うことになる。

株と国債との交換を促《うなが》すために、また株を販売して利益を得るために、国民に南海株の販売が宣伝された。これは株の値上がりを前提とした政府ぐるみの詐欺《さぎ》事件である。

一七二〇年四月七日、最初の南海株は、実際には額面の三倍すなわち三〇〇ポンドで売り出された。これは一時間以内で売り切れたという。その後南海株をめぐって熱狂と狂乱が生じ、株価がどんどん上昇していった。宮廷貴族から庶民にいたるまで、人々はまるで熱病に取り憑《つ》かれたようであった。日常の話題は南海株に集まった。居酒屋や喫茶店では、株でもうけた人々が飲めや歌えのドンちゃん騒ぎを繰り広げた。

八月二十二日の最後の南海株の売り出しは、一〇〇〇ポンドの株価でなされた。この時も南海会社本社のまわりに大群衆が集まり、南海株はあっという間に売り切れたという。

南海会社にあやかろうと百九十の怪《あや》しげな「泡沫会社」が作られた。なかには、「きわめて有益な事業をおこなうが、それが何であるかだれも知らない」会社も作られた。大きくふくらんだこのバブルは、九月に入って大崩壊《だいほうかい》していった（チャンセラー、同上、一〇九‐一六一頁による）。

コラム 5-3

ニュートンの嘆き

アイザック・ニュートンは、「万有引力の法則」で有名な大物理学者である。錬金術《れんきんじゅつ》にこった人物としても知られている。「南海の泡沫」にはこのニュートンも巻き込まれた。一七二〇年の春ニュートンは、「私は天体の動きは計算できるが、人々の正気を失った行動を計算することはできない」と述べて、持っていた南海会社株を、もうけを得て売却した。しかし、すぐその後、この彼も正気を失って投機熱に浮かされた。結局高値の株をつかまされて、二万ポンド（現在の一億円相当）の損害をこうむった。彼はその後の生涯において「南海」という名を聞くのもいやがったという（キンドルバーガー、前掲書、四五頁による）。

†　歴史は繰り返す

資本主義的市場経済の歴史はバブルの繰り返しである。バブルの数は膨大《ぼうだい》であり、本書で取り上げたのはそのごく一部である。資本主義は、歴史的に景気循環を繰り返してきたが、好景気の果てにはバブルがともなわれた。バブルは、経済をいっそう舞い上げ、あげくの果てにその破局をもたらしていった。

アメリカではバブルが、その「資産効果」（資産の値上がり益による消費拡大）をとおして、経済を主導するようになってきてもいる。だから安倍政権でも株高にこだわっているのだろう。もっとも日本の株高は外資主導によるものである。外資は、株の上げ下げの両方でもうけをさらっていく。逃げ足も速い。その結果、日本の株価上昇は、かなり揺さぶられながら進んでいく。

†　金融規制緩和とアジア通貨危機

金融規制の緩和は、資本の国際的な移動を自由化して、金持ちからお金を集めては運用するヘッジファンドなどの国際投機資本に大きな活躍《かつやく》の場を与えた。わたしは、一九九七年のアジア通貨（金融）危機は、国際投機資本の暗躍《あんやく》のせいであると思う。

たとえば、危機の発火点となったタイでは、その高い経済成長に、最初はもうけを見込んで大量の外国資本が流入した。あまりにも大量に一挙《いっきょ》に流入したので、そのまともな使い道がない。いわゆる「金あまり現象」が生じた。あまったお金は、株や土地の投機に向かい、タイでバブルを引き起こした。ところが、わずか後に、タイで経済の、若干の悪い数字が示されるや否や、外国資本が大量に流出した。タイの銀行は外国資本にお金を返すことができず経営危機におちいり、こうしてバブルが崩壊した。またこの時、外国資本によるバーツ（タイの通貨）売りで、バーツの大暴落が生じた。バーツ暴落は、他のアジアの国々に次から次へと伝染《でんせん》した。こうしてアジア通貨危機が生じたのだ。

コラム 5-4

ヘッジファンドとは何か

ヘッジファンドとは、大金持ちなどから大口の資金を集めて、国際的な投機活動をおこなうファンドである。政府の規制外にあり、そのほとんどはタクスヘイブン（租税回避地《そぜいかいひち》）といわれる低税率の国に本拠《ほんきょ》を置いている。その数は世界で一万弱も存在すると言われている。代表的なファンドには、ジョージ・ソロス・マネジメント、アパルーサ・マネジメント、ポールソン・アンド・カンパニーなどの名前があがっている。ファンドの運用資産規模は三兆ドル（三〇〇兆円）近くあると言われ、その国際的な影響力はとてつもなく大きい。世界各地において投機で暴れまくり、危機を引き起こしている。

ヘッジファンドの名が世界に広く知られたのは、一九九二年のEC（今日のEU）のEMS

（欧州通貨制度）危機の折りである。この時、ECは投機の嵐にみまわれた。イギリスのポンドに対する投機で、中央銀行であるイングランド銀行と戦い、ジョージ・ソロスは、短期間で一〇億ドル（一二〇〇億円ほど）という巨額のもうけをあげ、一躍勇名を馳《は》せた。時のEC委員長ドロールは、〝ソロスのような輩《やから》〟と嘆《なげ》いたという。

† 天才たちの誤算

もっとも国際投機資本はいつももうけてばかりいるわけではない。たとえば、アジア通貨危機につづいて生じた一九九八年のロシア金融危機では、アメリカの大手ヘッジファンドであるLTCM（ロングターム・キャピタル・マネジメント）が経営破綻《はたん》した。このLTCMには、二人のノーベル賞経済学者が雇《やと》われていた。「天才たちの誤算」と皮肉られた。LTCMの破綻の影響が与えるあまりの大きさに、アメリカ政府はこれを救済している。

ところが、二〇〇八年九月十五日アメリカ第四位の投資銀行（債券・証券・投資顧問業務をおこなう金融機関）であるリーマン・ブラザーズが経営破綻した時、アメリカ政府はこれを救済しなかった。負債総額が六一三〇億ドル（約六〇兆円）という巨額のものであったというのにもかかわらず、である。リーマン・ブラザーズの倒産の結果、ニューヨーク株式市場で株の大暴落が生じた。そして、世界は本格的に国際金融危機に突入していったのである。

3　懲りずに繰り返すアメリカ・バブル

† どこまでもつづくよマネーゲームとバブル

それにしてもアメリカでは、懲《こ》りもせずバブルとその破綻《はたん》がつづく。「暗黒の木曜日」と言われたニューヨーク株式市場の大暴落は、一九二九年の世界大恐慌をもたらした。こんなことが二度と起きないように厳しい金融規制が導入され、商業銀行には金融安定の責任が課された。

ところが第3章でも見たように、〝市場に任せよ〟という「新自由主義」が登場し、一九八〇年代レーガン大統領は金融規制の緩和を試みる。これは激しい銀行間の競争をもたらした。これまで法に守られて住宅金融をおこなってきたS&L（貯蓄貸付銀行）は、競争にさらされ苦境におちいった。そこで「ジャンクボンド」（「クズ債」）という危ない証券に手を出した。バブルとふくれあがったジャンクボンド市場は突然崩壊する。S&Lの多くが経営破綻におちいった。アメリカ政府は、その尻拭いのために一九八九年に整理信託公社（RTC）を設立して、膨大な「公的資金」を注入したのだ。

コラム 5-5

ジャンクボンドの帝王

ジャンクボンド市場の生みの親は、投資銀行家のマイケル・ミルケンであった。彼は格付け会社による格付けの最低ランクあるいはランク外の債券に注目した。一九八〇年代、彼は危険であるがゆえに利回りの高いこれらの債券を組み合わせてパッケージ化することで危険を分散する商法を開発し、これを武器にジャンクボンド市場を生み出し発展させた。そして一躍時代の寵児《ちょうじ》となったのだった。「ジャンクボンドの帝王」とも言われた。年俸も一九八六年には五億五〇〇〇万ドル（八〇〇億円を超える）であったという。しかし、彼は、一九八九年インサイダー取引や顧客の脱税幇助《ほうじょ》などの罪に問われ、起訴された。時同じくしてジャンクボンド市場も崩壊するにいたる。ジャンクボンドにのめり込んでいた多くのS&Lは経営破綻にみまわれた。なおミルケンは服役《ふくえき》し、一九九三年に釈放《しゃくほう》された。その後慈善家《じぜんか》に転身したという。

† ITバブルの崩壊

アメリカはこの金融危機に悩み、ようやく立ち直ったのは一九九二年のことであった。そしてIT革命を背景として経済的な巻き返しに成功し、金融で世界をリードした。ニューヨークのウォール街が世界の金融を支配する「金融帝国」を築き上げたのだ。しかし、アメリカのこの繁栄は、ハイテク株が暴落した、二〇〇〇年のいわゆる「ITバブル」に終わった。ニューヨーク株式市場はバブルの崩壊に騒然《そうぜん》となったのである。とりわけ、通信関連企業の多かったナスダック（NASDAQ、世界最大の新興株向けの株式市場）が大打撃を受けた。

二〇〇一年にはアメリカで同時多発テロ事件もあり、深刻な景気後退が取りざたされた。国際金融危機の物語はここからはじまる。

† 住宅バブルのはじまり

「ITバブル」が崩壊し、景気後退におちいっていった時、アメリカは、日本のバブル崩壊を教訓とした。アメリカは、日本がバブル崩壊後「喪《うしな》われた十年」におちいったのは、政府と日銀が金利引き下げをぐずぐずしたせいだと考える。こうしてFRB（連邦準備制度理事会）は、劇的に金利を引き下げていった。

日本の公営歩合に相当するアメリカの金利は、FF（フェデラル・ファンド）金利と言う。このFF金利は、二〇〇〇年には六%を超えていたが、何とも大胆《だいたん》なことに、わずか一年あまりで一%台に切り下げられた。

このFRBの超低金利政策は、住宅金融を盛んにさせ、アメリカに住宅バブルを引き起こした。日本のバブルでは、不動産バブルと株式バブルが同時に崩壊した。これとは異なり、アメリカでは、ITバブルが崩壊した後、住宅バブルが生じ、その後の景気上昇に寄与《きよ》していったのだ。

† サブプライムローンとは

国際金融危機の折には、サブプライムローンという言葉がよく聞かれた。これは返済能力の低い低所得者層向けの住宅ローンのことである。低所得者は、自分の賃金の中からローンの金利をとても払えず、いわんやその返済はできそうもない。だから、ローン支払い初期には低金利の利払いだけのものという新しい形のローンも組まれた。しかし、結局は、このローンでは低所得者は、住宅価格の上昇を待って、担保となった住宅の価値の再評価をおこない、値上がり益によって利払いと返済の資金をねん出するしかなかった。つまりこのローンは住宅バブルを前提にして成り立っていたのである。

アメリカではこのサブプライムローンが急速にふくれあがっていった。

† 金融商品づくりの手品

マネーゲームの展開においては、金融新商品の開発が重要な意味を持つ。サブプライムローンについても、金融商品があみだされた。これをサブプライムローン証券という。このローンは、信用が低い分貸出しの利子が高い。この高利子の魅力を引き出そうという試みがなされる。

その仕組みを説明すると、投資会社は、住宅ローン専門会社から、ローン債権（元利返済の権利など）をまず買い集める。これを切り分けて証券化する（モーゲージ証券と言う）。さらにこの証券と他のいろいろなローン証券を組み合わせてパッケージ化し（束《たば》ね）、再証券化する。この再証券化された証券と他のいろいろな証券を組み合わせて、またまた新たな証券をつくる。何だかわけがわからなくなってしまう。まるでマジックショウを見ているようだ。実際にその証券を買う人も、中身がよくわからないので、格付け会社が優良《ゆうりょう》などと太鼓判《たいこばん》を押すのを見て（格付けと言う）、安心して購入した。

サブプライムローン証券は、大銀行が出資し資金保証をする投資子会社などをとおして運用された。

だから大銀行は、その投資子会社が破綻したらその損害をもろにこうむる。こうしてサブプライムローン証券は、その破綻が全信用体系を揺るがすマネーゲームをもたらしていったのである。

このマネーゲームは、すべて住宅価格の上昇つまり住宅バブルの上に成り立っていた。低所得者がローンの利払いと返済の資金を、住宅価格の上昇からねん出できるかぎりで成り立っていたのだ。ところがアメリカの住宅価格の上昇は、二〇〇六年にすでに曲がり角に達し、ついに下落しはじめていく。当然住宅価格上昇に頼っていた低所得者たちもローン返済に行き詰まり、彼らの債務不履行《さいむふりこう》が増大した。こうしてサブプライムローン証券もおかしくなり、その紙屑化《かみくず》への道を歩きはじめたのだった。

コラム 5-6

アメリカ三大格付け会社

格付け会社は、国債、債券、証券にたいして優・中程度・投機水準などの格付けをおこない、投資家にリスク判断の材料を提供する会社である。今日アメリカの三大格付け会社、すなわちムーディーズ、スタンダード・アンド・プアーズ（S&P）、フィッチ・レーティングスが、世界の格付けを支配している。

格付けにあたって、S&PとフレッチはAAA（最優良）やBBB（中程度）、ムーディーズはAaa（最優良）やBaa（中程度）などという記号を用いている。

金融グローバリゼーションが進み、世界を舞台にして投資が盛んになされる。それとともに、リスク判断をする格付け会社の役割がますます重要となった。しかし、他方で、企業と金融機関との格付け会社の密着性《みっちゃくせい》が指摘され、その判断が客観的であるかどうか、疑念も出されている。とくにサブプライムローン証券にAAAなどという評価をおこなったことは、格付け会社の信用を一挙《いっきょ》に落とした。

後に述べるが、ユーロ危機に際しては、三大格付け会社と国際投機資本が手を携えて国際金融を混乱させているという批判も出た。格付け会社に対処するために、二〇一三年五月十三日、EU（欧州連合）の理事会は、新しい規制を採択している。

なお、二〇一一年八月五日にS&Pが米国国債の格付けをAAAから一ランク引き下げて、全米のみでなく世界を震撼《しんかん》させた。この時、S&Pは、計算間違いやインサイダー取引などが指摘され、〝ブルボッコ〟、すなわち袋叩《ふくろだた》きにされたという。

† ついに金融破綻へ

破綻はまずヨーロッパからはじまった。ヨーロッパの大手銀行は、アメリカのサブプライムローン証券にかなりのめり込んでいたのだ。二〇〇七年八月「パリバ・ショック」が世界を駆けめぐった。フランス最大手のBNPパリバ銀行が、傘下《さんか》にあった三つのファンド（投資子会社）の新規募集と解約を凍結《とうけつ》すると発表した。サブプライムローン危機に直面して資産運用がうまくいかなくなったのだ。

国際金融危機はすでに二〇〇七年にあらわれていた。二〇〇八年九月のリーマン・ショックは国際金融危機が本格化するシグナルを世界に与えたものである。それは住宅価格の下落にともなうサブプライムローンの破綻から生じた。いつまでも住宅価格が上昇するはずがなかったから、このローンは破綻が運命づけられた、詐欺《さぎ》にも近いものであった。

日本では最初対岸の火事と見るむきもあった。〝アメリカがバカなことをやってえらい迷惑だ〟というようなことが言われた。しかし二〇〇八年十二月に入ってトヨタをはじめ日本の名だたる大企業が軒並み急激な業績悪化ひいては赤字転落を発表していった。つまりこれまで日本は、アメリカへの輸出増加、アメリカに進出した企業の好調《こうちょう》によって、バブルによるアメリカの経済的繁栄の恩恵《おんけい》を一番受けていたのだ。だから日本は、二〇〇九年、先進国中最悪とも言える景気後退にみまわれた。

アメリカはバブルとその崩壊《ほうかい》を繰り返している。今日自動車ローンにおけるサブプライムローンが話題になっている。また、ＦＲＢによる金融の「量的緩和」のもとにニューヨーク株式市場が連日のごとく史上最高値を更新《こうしん》している。日本ではアベノミクスのもとで株高がもたらされている。バブルとその崩壊の危険が心配される。今年（二〇一四年）十月七日ＩＭＦは、「株式相場が「泡《あわ》立つ」水準に達し金融市場が調整に見舞われる可能性」に言及《げんきゅう》している（「ブルームバーグ」、二〇一四年十月七日）。ほんとうにカネの中の「懲りない面々」である。

補論　国際金融危機とユーロ危機

†国際金融危機とEU諸国の財政危機

国際金融危機は、EU諸国にも深刻《しんこく》な打撃を与えた。EU諸国の大手銀行もアメリカのサブプライムローンのマネーゲームにのめり込んでいたのだ。損害ランキング表には、アメリカの銀行とならんでEU諸国の銀行の名前もずらっとならんだ。EU諸国は、銀行の救済、景気悪化による税収減、景気対策によって財政が急激に悪化した。財政赤字のひどい国々をPIIGS（ピッグス）と言う。ポルトガル、アイルランド、イタリア、ギリシャ、スペインのことである。

財政危機がユーロ危機の原因をなしたとすれば、ユーロ危機は国際金融危機の第二段階であったとさえ言える。

わが国のマスコミとジャーナリズムでは、ユーロ危機の原因がユーロ圏諸国では財政がバラバラであったことにあるとさかんに言われた。しかし、ユーロ圏諸国には、GDP（国内総生産）の三％以内に財政赤字をおさめなければならないという財政規律が課されていた（「成長安定協定」）。だから二〇〇七年までは、EU諸国は、ギリシャを除いては健全財政であった。よく財政赤字のひどい国として名をあげられるアイルランドとスペインは、二〇〇七年には財政黒字だったのである。放漫財政の国として槍玉《やりだま》にあげられたギリシャにしても急激に財政が悪化したのは、国際金融危機によってであった。つまりこれまで四～六％であったと推定されるギリシャの赤字は二〇〇九年に一挙に約一四％までに跳ね上がった。この事実は、とても放漫財政では説明できまい。だから財政危機が二〇一〇年にはじまるユーロ危機の原因をなしたとすれば、それは――自前のバブルの崩壊もあったが――アメリカ発の国際金融危機の影響の結果であったのだ。

ところで、次々とユーロ危機の震源《しんげん》となった国々も、ＧＤＰ（国内総生産）比約二〇〇％の政府債務残高をかかえる日本よりもはるかに財政の状態はましだった。ＧＤＰ比の政府債務残高は、たとえばギリシャが一一五％、アイルランドが六四％、スペインが五三％、ポルトガルが七七％であった（二〇〇九年）。先進国中最悪というべき深刻な財政危機をかかえる日本で円危機が生ぜず、なぜこれらの国々の財政危機がユーロ危機を生み出したのだろうか。

わたしは、そのカラクリが「投機《とうき》」にあると思う。ユーロ危機に際しては、アメリカの格付け会社が必ずこれらの国々の国債の格付けを下げる。これを受けて猛烈な投機の嵐が吹き荒れる。

† ギリシャ危機における国債のカラ売りとＣＤＳ投機

ギリシャ危機は、二〇〇九年十月の総選挙で生まれたパパンドレウ政権が、前政権の財政の「粉《ふん》飾《しょく》決算」を発表したことからはじまった。それまで対ＧＤＰ比三・七％とされた財政赤字が、実際には一二・五％だったというのである。この年十二月には、アメリカの格付け会社が次々とギリシャ国債の格付けを引き下げた。二〇一〇年に入ると、ギリシャ国債は、投機の嵐にみまわれた。その際、国債の空売りと国債のＣＤＳの投機が話題となった。

国債のカラ売りとは、基本的な考え方としては、国債を借りて売り、国債価格が下落した時点で買い戻してこれを返すという操作である。国債をもっていないのに信用でこれを売り、後に清算する取引のことである。つまり価格が高い時にカラ売って、下がった時に買って清算すると、差額だけ投機利得を得ることができる。国債価格が大きく動揺するほど、差額である投機利得は大きい。

国債のＣＤＳ（Credit Default Swap）とは、国債デフォルト（国家破綻）時に元本を保証する一種の保険のことである。このＣＤＳだけ、つまり国家破綻時に元本を受け取る権利だけが、金融商品として市場で取引される（ＣＤＳ市場）。ＣＤＳの「保険料率」にもとづいてＣＤＳの価格が形成される。ここでは、ＣＤＳを安い時に買って高くなったら売るという投機が企てられる。国家のデフォルトの噂《うわさ》は、保険の支払いを予感させ、ＣＤＳの価格を高騰《こうとう》させる。その仕組みは生命保険料が、死ぬ確率の高い老人には引き上げられるのと似ている。

こうして、国際投機資本は、国債価格の下落とＣＤＳ価格の上昇をとおして、もうけることができる。だから投機利得を得るために、危機を煽《あお》っているという事実もある。そして危機を煽る上で、格付け会社が大きな役割を果たしたのである。

† ソブリン危機はなぜ起きたか

こうしてギリシャでは、投機によって国債価格が暴落し、国債利回りが急騰《きゅうとう》した。その結果、新規国債の発行と償還《しょうかん》期限のきた国債を借り換えることが困難となった。償還期限がきた国債には現金払いで対応するしかない。しかし財政赤字の状態だから、その現金がない。国家破産の危機（デフォルト危機）が叫《さけ》ばれる。こうした国家信用危機（ソブリン・デット・クライシスと言う）が、ユーロ危機をもたらした。ユーロ圏諸国は、後に一一〇〇億ユーロ（約一二兆円）の金融支援をギリシャにおこなう。この支援が迅速《じんそく》におこなわれたら、ユーロ危機はたいしたものにならなかった。あるいはそもそも危機にそなえた金融支援基金があったならば、ユーロ危機は起きなかった。ユーロには「危機管理体制」がなかった。国際投機資本は、ユーロシステムのこの弱点を突いたのだ。

ユーロ危機の発火点として騒がれたギリシャは小国である。このギリシャがユーロシステムひいては世界の金融システムを震撼《しんかん》させたとは一見信じがたい。その大きな理由は、投機とマネーゲームが吹き荒れカジノ化した世界の金融体制の脆弱《ぜいじゃく》性《せい》にあるといってよい。

†もし日本に国際投機資本が襲来したら

ちなみに、日本の二〇一四年度の国債発行額が約一八〇兆円である。その四分の三以上が借金支払い引き延ばしである「借換国債《かりかえこくさい》」をなしている。日本に国際投機資本がどっと押し寄せて、日本国債に対する嵐のごとき投機をおこなうことになったりしたら、と想像するとゾッとする。いくら国内金融機関の日本国債保有率が高いと言っても、カラ売りの前にはどうしようもない。日本国債の暴落によって、国債を多数保有する銀行は、かえって経営危機におちいる。国債を対象に運用している年金資金も破綻の危機にみまわれる。何よりも、国が国債の借り換えをできなくなれば、どうなるのか。この時、借金返済のために国は、日本の一般会計予算総額を超《こ》える膨大《ぼうだい》な現金を必要とする。国債発行に携《たずさ》わる日銀関係者は、このことを考えて、冷や汗を流しているかも知れない。

第6章　グローバルってカタカナ文字のいい響きだけど

1　グローバリゼーションとは何か

†どんな時にグローバルを感じますか

とくに一九九〇年代に入って今日にいたるまで、グローバリゼーション（globalization）という言葉がよく聞かれるようになった。グローブ（globe）は地球を意味するから、直訳すれば地球化ということになるだろう。このことから、グローバリゼーションとは、人間の活動が地球規模におこなわれるようになることであると一般的に理解されよう。とくにICT革命（情報通信技術革命）によって、われわれは、世界のどことでも手軽《てがる》に通信でき、また世界のニュースをリアルタイムでつかむことができる。グローバリゼーションとは、われわれと世界のあいだの「距離」が縮《ちぢ》まった、こうした事実も指《さ》している。

日常的にもグローバルという言葉がよく使われる。読者にとって、どのような時にグローバルを感じるのだろうか。食卓に並ぶ夕食の品々を見て、その多くが外国産であると気がついた時だろうか。ちなみに納豆、醤油《しょうゆ》・味噌《みそ》の約九〇%は、それぞれ外国産の大豆《だいず》を使って作られている。

あるいは、中国人観光客が日本にどっとやってきて、「銀聯《ぎんれん》カード」なるものを使って大量のお土産を買っていくのを、テレビで見た時だろうか。

それとも日本人の海外旅行が盛んになったことに、「おおグローバル!」と感じるのだろうか。もっとも海外旅行では観光客たちは移動中に眠っていて、お土産屋《みやげ》のところでぱっと目が覚めたり、観光地に行って絵葉書と同じだったと確認するに終わるという話をよく聞く。言葉の壁のせいか、日本人は自分たちの集団旅行から外に、なかなか一歩踏み出せない。わたしがオーストリアのウィーンで生活していた頃のことである。集団でぞろぞろ歩いている日本人観光客の一人にうっかり声をかけて、「日本語が上手《じょうず》ですね」と言われた苦《にが》い経験がある。あるいは、ウィーン中心のシュテファン広場で、幸せマークがいっぱい頭の上で飛んでいる日本人新婚さんに、写真を撮《と》るのを気軽に頼まれたりもした。

†「新しい競争体制」

ここで少し的《まと》を絞《しぼ》って述べると、経済にとってグローバリゼーションとは、貿易と投資の自由化によって人間の経済活動が地球規模に活発化していく傾向を意味すると、一般的には考えられている。日本政府の白書もこの考えだろう。

その際注目されるのは、「貿易と投資の自由化」という事実である。じつはこれは、決して歴史的に必然なものではない。各国政府の規制緩和政策、とくにアメリカの世界政策によって意図的に促進《そくしん》されてきた事実でもある。

その結果として、人間の世界的な活動でとくに活発になったのは、市場における「競争」である。わたしは、グローバリゼーションとは、世界の市場経済化・自由化のもとに人間、企業、国のあいだでの競争が世界を舞台にして激しく展開されていく傾向のことを意味すると考える。この世界的な大競争のことをメガ・コンペティションと言う。この点に注目すると、グローバリゼーションとは、現代における「新しい競争体制」であると言える。

† 競争は競走ではない

ここであらかじめことわっておくが、競争は競走ではない。競走は、たとえば陸上競技のフェアプレイの世界である。これとは違い、競争は争《あらそ》いであり、食うか食われるかといった弱肉強食の世界である。競争に負ければ、人間は人生に敗れ、企業は倒れ、国《くに》は沈む。グローバリゼーションとは、こうした弱肉強食の競争が、各国の規制緩和の結果として、むき出しの形で世界的につらぬいていく傾向を意味する。国による保護と規制がなくなり、まるで強い者が食い弱い者が食われるという、自然界の掟《おきて》がそのまま通用するようになっていく。

しかもこの競争の中心は、企業の利潤追求競争である。われわれの目の前に繰り広げられているのは、世界規模で激しく展開される企業による金もうけの競争だ。グローバリゼーションとは、世界の市場経済化・自由化によって世界規模で激しく展開される企業競争の中で、お金が増えつづけていく運動がいっそう強まっていく傾向のことである。今や世界は、お金をめぐって各国企業が闘《たたか》う円形競技場（コロッセウム）である。そこでは生死が問われる闘いがなされる。

† だんだんゆとりがなくなっていく

規制緩和が世界的な大競争に拍車《はくしゃ》をかける。労働規制という保護をはずされて、激しい企業競争の中で、人間はいっそう金もうけの手段化し、使い捨ての消耗品扱いをされていく。だから、科学技術の発展が本来は人間にゆとりをもたらすはずなのに、そうなっていない。逆に人間をますます忙《いそが》しくし、余裕を奪《うば》っていくのである。

また人間は、世界的な大競争に企業が打ち勝つために人件費削減の対象とされてゆく。企業は、正規労働者・正社員を派遣労働者、パート、アルバイトなどの非正規労働者に置き換えていく。リストラの名でぎりぎりまで人員を整理し、企業に残された労働者・サラリーマンの仕事をますます忙《いそが》しくする。

日本の企業の多くでは、ぎりぎりの人数で働いているものだから、なかなか産休・育休も気兼《きが》ねなしに取ることはできない。あるいは産休・育休明けに職場にもどって自分の席がちゃんとあるかどうかを心配しなければならない。良心的な企業も中にはあるだろうが、企業社会のこの現実が男女共同参画を妨《さまた》げ、少子化に拍車《はくしゃ》をかけている。

コラム 6-1

スウェーデンは女性のパラダイス？

福祉・社会保障が充実しているヨーロッパ諸国では、産休・育休が満足にとれない、あるいはとるにあたってひどい気兼《きが》ねをするという話はまずは考えられない。だから女性は安心して子供が生める。男女平等が進んでいるスウェーデンでは、男性の育休を増やすための特別措置さえとられている。法的手続きをへずして共に暮らしている男女も「事実婚」が認められ、手厚《てあつ》い福祉・社会保障の適用対象とされている。母子家庭もそうである（参考文献：湯元健治、佐藤吉宗『スウェーデン・パラドックス』日本経済新聞出版社、二〇一〇年）。

　このこともあってか、スウェーデンの特殊出生率《とくしゅしゅっしょうりつ》（女性一人当たりの出生率）は近年一・九台で推移している。最近少し増えたといっても一・四台にかろうじてのっている日本の特殊出生率にくらべてはるかに高い。日本の少子化の最良の対策は、福祉・社会保障を充実し、また女性が安心して働けるように企業のあり方を変え、職場の環境を改善していくことではないだろうか。

少なくともブラックと言われる企業が若者をすりつぶしていく現実は許されるものではない。

†「資本の論理」がむき出しの形でつらぬく

グローバリゼーションの現実は、諸企業の過剰《かじょう》ともいえる過熱化《かねつか》した競争である。メガ・コンペティションと言われる激しい利潤追求競争の世界を見ると、やはり「お金は影と競いて走る」と言わざるをえない。そこでは規制緩和による経済の自由化のもとで、増えつづけるお金の運動体である資本の「論理」がむき出しの形で貫徹《かんてつ》するのだ。

つまり、規制という枷《かせ》をはずされ、企業は、世界を舞台にいっそう激しい利潤追求競争をおこない、競争に勝つために、かぎりなく効率性《こうりつせい》をあげようとする。今やお金は、世界規模で、大がかりに、いっそう激しく、スピードを速めて、影と競いて走る。そしてお金は、本来人間がつくったものであるにもかかわらず、資本として自分が増殖するために、「効率性」の名のもとにいっそう厳しく人間を使い、影との競争に人間を巻き込んでいく。

2　アメリカン・グローバリズム

†新自由主義がつくり出す世界

これまでしばしば指摘してきたが、経済学の中にはこういう考えがある。自分の利益を追求する個々人の合理的な競争が経済のバランスのとれた発展をもたらす。また市場経済は、需要と供給の作用をとおして経済の均衡《きんこう》をもたらす。市場に任せれば万事うまくいく。経済は政府ではなく市場に任せよ。

われわれは、小泉構造改革の時に、新聞などをとおして「市場に任せよ」という言葉を繰り返し頭の中に叩《たた》き込まれた。じつはこれは「新自由主義」の考えである。

「新自由主義」は、「市場に任せよ」と主張し、そのために規制緩和・民営化・財政支出の削減を訴《うった》える。そしてこれらが政府の政策としてつらぬかれ、世界の市場経済化・自由化の傾向をもたらしていく。その先に待っているのは、世界規模で展開されるむき出しの金もうけの過剰な競争である。お金による人間の支配、自己増殖するお金の運動体による人間の支配がピークに達した世界だ。

「新自由主義」は、ケインズによって批判され、わきに追いやられていた古い経済学が新たな装《よそお》いを得て復活した「経済的自由主義者」の主張である。彼らは、純粋な「自己調節的市場」に任せれば、経済がうまくいくと説明する。

もっともこの考えは、恐慌や経済危機にぶつかって、よく挫折《ざせつ》する。しかしすぐ復活もする。つまり、純粋な「自己調節的市場」なんて現実には存在しないから、「経済的自由主義者」は、市場の作用がうまくいかないのは市場が純粋でないからだ、といつも主張できる。そして、規制緩和・民営化・財政支出の削減によって、経済を純粋に市場に任せよ、と繰り返し唱えるのだ。まるで「起き上がり小法師《こぼし》」のように転んでも何度も起き上がる〈カール・ポランニー〈一八八六－一九六四年〉の考えによる〉。

†「ワシントン・コンセンサス」とは何だろう

「新自由主義」は、ケインズ経済学の権威《けんい》失墜《しっつい》後、アメリカの経済学を支配するようになった。それは、市場重視のモデルをなし、国民の健康も民間企業に任《まか》せるアメリカ資本主義の現実に相応したものであった。これまで国家の強い経済的役割のもとに経済発展をしてきた日本やアジアとは随分《ずいぶん》違うものである。

今やアメリカは、「新自由主義」を掲《かか》げて世界のアメリカ化をはかる。つまり「新自由主義」は、アメリカ財務省、世界銀行、ＩＭＦ（国際金融安定のための金融支援機関）の三者によって掲げられ、アメリカの世界政策としてつらぬかれる。これら三者がワシントンに仲良く所在することから、その考えを「ワシントン・コンセンサス」という。これによると、国家が国内で重要な経済的な役割を果たすことは、市場経済の作用を妨げるものであり、また不公平である。このような批判のもとで、世界的に貿易と投資の自由化、市場経済化・自由競争化が政策的に促進される。この世界政策をアメリカン・グローバリズムと言う。

コラム 6-2

ワシントン・コンセンサス──スティグリッツは語る

「ワシントン・コンセンサス」について、ノーベル賞経済学者でアメリカ大統領経済諮問委員会の元委員長であったスティグリッツは、こう述べている。「貿易の自由化と資本市場の自由化は、『ワシントン・コンセンサス』と呼ばれる包括的な政策枠組みの二大構成要素だ。ＩＭＦ（ワシントンＤＣの19番街に位置する）と世界銀行（13番街）とアメリカ財務相（14番街）のあいだで結ばれたこの合意は……小さな政府の実現と、規制緩和と、迅速な自由化・民営化の重要性を強調していた」（『世界に格差をバラ撒いたグローバリズムを正す』徳間書店、二〇〇六年、五四頁）。

スティグリッツは、ワシントン・コンセンサスにもとづくグローバル化が、アメリカなど先進国に有利に、発展途上国には不利な形で進行していると批判している。つまり「世界に格差をバラ撒《ま》き、「世界を不幸にし」ているという。彼によれば、市場は完全なものではない。だから経済は、市場と国家の適切な組み合わせのもとに運営されなければならない。ところが陳腐化《ちんぷか》した時代遅れとなった市場万能型の経済学がワシントン・コンセンサスを築《きず》き、グローバル化を促進し、格差を広げて世界をダメにしている。

† アメリカによる世界の改造

アメリカは、市場経済重視の観点から、規制緩和と民営化を追求し、政府の経済的な役割を小さくする政策を世界的に適用しようとする。

① 日本には「年次改革要望書」を

グローバリゼーションの時代においてアメリカの通商政策は、基本的に「相互主義」と言われる立場をとった。つまりアメリカの市場が欲しければ、おまえの市場を開放せよという立場である。アメリカはとりわけ日本にたいしては不公平で閉鎖的であると非難してきた。アメリカには公平に競争するならば日本に負けるはずがないという考えがある。

一九八九年に日米の貿易不均衡を是正するための「日米構造協議」がはじまった。つづいて一九九三年七月、クリントン大統領と宮澤喜一《みやざわきいち》首相の日米首脳会談で「日米包括経済協議」が合意された。これに基づき、一九九四年から二〇〇八年まで毎年途切れることなく、規制緩和などについて日米双方が「年次改革要望書」を提出するにいたる。この要望書は、実際には、規制緩和と構造改革に関して、アメリカによる日本への押しつけとして作用した。たとえば、大型店舗の出店を規制した「大規模小売店舗法」、通称「大店法」が一九九八年に廃止された例があげられる。そのきっかけは、一九九〇年のアメリカによる撤廃《てっぱい》要求にあり、当時アメリカの玩具《がんぐ》量販店であるトイザらスの新潟市出店が問題となっていた。

二〇〇一年からは「日米規制改革および競争政策イニシアティブに基づく要望書」によって、アメリカは一段と事細かに日本を改造することを要求する。国会で「内政干渉と思われる」ようなものだと指摘した衆議院議員もいる。この「年次改革要望書」の存在は、マスコミではほとんど報道されてこなかったので、日本国民には一般に知られていない。しかし、それは、日本の規制緩和や民営化などについて、日本政府の政策に強い影響をおよぼしてきたと言われる。たとえば法科大学院の設置、労働者派遣法改正、郵政民営化は、この「要望書」に書かれている。

かつて日本は、「国家主導型の発展モデル」をとってきた。これは高度成長の秘訣《ひけつ》として東アジア諸国に注目されてきた。とくに通産省（ＭＩＴＩ、今日の経済産業省）による「行政指導」が広く海外に知られてきた。日本は、規制緩和と民営化を進め、自分のモデルをみずから葬《ほうむ》り去《さ》ろうとしている。つまり一歩でもアメリカに近づこうとしているのだ。

②　発展途上国には「コンディショナリティ」を

発展途上国ないし新興工業国には、アメリカ化のためにＩＭＦの「コンディショナリティ」（融資条件）が突きつけられる。ＩＭＦは、発展途上国などが経済的危機におちいった時、先進国の立場から途上国にたいして「救済」融資をする。その目的は途上国において財政と貿易の黒字を捻出《ねんしゅつ》し、こうして得たお金を先進国への借金返済にまわすことにある。それは、途上国に無責任にお金を貸した先進国銀行の救済を意味する。また、ＩＭＦは、この機会に、貿易と投資の自由化を押しつけて途上国などを改造しようとした。

救済融資の条件としてＩＭＦは、貿易と投資の自由化、規制緩和・民営化・財政支出の削減を、一様に途上国に押しつける。ＩＭＦの融資において、財政支出の削減は、実際には、とくに福祉・社会保障の削減に厳しく適用される。貧困者が多数存在する途上国の事情下で、これがなされるのである。この政策は、途上国で時折暴動と政治危機をもたらした。「コンディショナリティ」は、途上国にとって〝毒入り饅頭《まんじゅう》〟のようなものであった。

一九九七年のアジア通貨危機の時ＩＭＦの融資を受けてエライ目にあった韓国からは、二度とその融資を受けたくないという声が聞かれる。

コラム 6-3

アジア通貨危機とIMF

とりわけ一九八〇年代以降、タイ、インドネシア、マレーシア、中国、韓国などの東アジアの「新興工業諸国」の経済発展はめざましいものであった。これらの国々はその「高い貯蓄率、政府の教育投資、国家主導の産業政策があいまって」驚異的な経済成長をとげた。この成長は、〝市場に任せよ〟という新自由主義者の主張と異なり、国家主導型の経済発展であった。「ワシントン・コンセンサス」にたつIMFなどのエコノミストたちにとって、さぞかし気に食わない存在だったのに違いない。一九九七年にアジア通貨危機が生じた時、うっぷんをはらすがごとく彼らは、遅れた「クローニー資本主義（縁故資本主義）」が危機の原因である、とこれらの国々を批判した。

しかし、危機の真の原因は、別のところにあった。一九九〇年代アメリカン・グローバリズムを掲げるクリントン米大統領は、アジアにおける貿易と投資の自由化を要求した。アメリカの主導下、一九九三年のAPEC（アジア太平洋経済協力）閣僚会議で、貿易・投資の自由化宣言が出された。こうした要求を受けて、アジア諸国は、資本の自由移動の規制を緩和していった。そしてその結果、巨額の国際投機資本の極端な流出入による経済混乱に襲《おそ》われたのであった。資本の移動にたいする規制緩和がアジア通貨危機の主要原因であったことは、アメリカの要求に乗らなかったマレーシアと中国の被害が比較的軽微《けいび》にすんだ事実が示している。

危機におちいった諸国の融資に際して、IMFはさっそく「新自由主義」にたった「コンディショナリティ」（融資条件）を押しつけた。これらの諸国は、とくに財政の均衡をめざす極端な緊縮財政政策によって深刻な不況・窮乏・貧困におちいった。今やこれらの国にとってIMFそのものが厄災《やくさい》の原因となった。いくつかの国では、自分たちを襲った経済的な「疫病《えきびょう》」を「大恐慌」と呼ぶのと同じ調子で、ずばり「IMF」と呼んでいる（J・E・スティグリッツ『世界を不幸にしたグローバリズムの正体』徳間書店、二〇〇二年、一四四頁以下）。

③　中南米の左派政権

読者は、中南米で反米の左派政権あるいは左派色の強い政権が次々と生まれていっているという事実を知っているだろうか。一九九八年に発足したベネズエラのチャベス政権が皮切りだった。それ以来、ブラジル（二〇〇三年）、アルゼンチン（二〇〇三年）、ウルグアイ（二〇〇五年）、ボリビア（二〇〇六年）、チリ（二〇〇六年）、ペルー（二〇〇六年）、エクアドル（二〇〇六年）と左派あるいは中道左派の政権が続々と誕生している。まるで反米包囲網《はんべいほういもう》が形成されたかのようだ。

中南米は、「アメリカの中庭」と言われる。中南米諸国は、かつてはアメリカの強い影響下におかれた。ところが、これらの諸国は、アメリカの新自由主義政策の押しつけによってエライ目にあうことになった。民営化や規制緩和の結果、地場産業《じばさんぎょう》が倒れ、大量の失業が生じ、経済的・社会的格差が広がった。インフレ、巨額の財政赤字、外国にたいする借金増加のもとに、経済は破綻《はたん》した。人口の多数をなす貧困層の怨嗟《えんさ》の声を背景に、次々と親米政権が打倒される。これらの国々の中には、かつて「新自由主義」の模範《もはん》として「IMFの優等生」と讃《たた》えられた国もあったのだ。

日本は親米的である。しかしわれわれは、世界の国の大半もそうだと勘違《かんちが》いをしてはならない。中南米で日本人が、アメリカをほめ称《たた》えるようなことを言ったら、後ろから頭を殴《なぐ》られるかも知れない。

† そこには意図的につくり出された事実が

アメリカは、その世界政策において、以上のように、市場経済化・自由化を世界に押しつける。これは、「新自由主義」の経済政策にもとづいている。このことから、グローバリゼーションは「新自由主義」という経済学の一流派によって促進された現実であることがわかる。

わたしは、経済学を四十年以上学んできて、経済学は恐ろしい学問であるとつくづく思う。経済学は、政府の政策をとおして現実を動かす。そして誤った経済学によって「誤った現実」が作られる。この「誤った現実」にさらなる誤りが積み重ねられる。わたしは、グローバリゼーションにこの現実を見る。

そこでは、市場経済における不確実性、そして増えつづける運動を際限なくつづけるお金の支配がむき出しの形でつらぬく。金もうけをめぐる過剰《かじょう》な競争が展開される。これは政府の政策によって意《い》図的《とてき》に作られた現実である。だからグローバリゼーションは決して避けられないものではない。それとは別の道もあるはずである。

コラム 6-4

「新自由主義」こぼれ話――減税すると税収が増える

一九八〇年代には「新自由主義」が政府の政策として大々的に採用された。アメリカではレーガン大統領の経済政策がそうであった。この政策をレーガノミクスという。規制緩和・民営化・減税・財政支出の削減がその柱をなす。ところでレーガノミクスには、こういう考えがある。

「減税するとかえって税収が増える」

これは「新自由主義」のなかにあるサプライサイド・エコノミクス（供給重視の経済学）の主張にもとづいている。その主張はこうである。貧乏人に減税をするのは全部消費してしまうからムダである。それにたいして金持ち・企業に減税するとやる気をおこして活発に投資するようになる。こうして生ずる経済成長が税収増をもたらすというのである。そうすれば貧乏人もおこぼれにあずかることができる。

これをトリクルダウン効果という。要するに、風が吹けば桶屋《おけや》がもうかるという話である。しかし現実にはこの減税はアメリカの財政赤字をもたらしたのであった。

かつて日本ではアメリカのものまねをして、金持ちの税負担の軽減、法人税引き下げを内容とする「中曽根税制改革」が企てられた。大蔵省（現財務省）は現実主義的にもこの減税の財源を求めた。かくして「マル優」が廃止《はいし》され、どんな零細貯蓄《れいさいちょちく》の利子にも課税され、また「大衆課税」と言われる一般消費税も導入されたのだ。

3　人間だもの、経済戦争で討ち死はまっぴらだ

† もはや社会主義を気にする必要はない

一九八〇年代は、「新自由主義」の政策が大々的に採用され、規制緩和や民営化などをとおして経済の市場経済化・自由化が進んだ時代であった。こうしてグローバリゼーションがはじまった。わたしは、これにたいして一九九〇年代以降グローバリゼーションが本格的に展開していったと考える。それは東西冷戦体制の終了によってであった。その意味は二つある。

①　庶民は、生活不安、老後の不安に脅える

かつての社会主義諸国は資本主義化の道を歩んだ。資本主義諸国はもはや社会主義との競争、社会主義の側圧《そくあつ》を気にする必要がなくなった。労働者・サラリーマンが社会主義に走らないように、労働条件の改善、福祉・社会保障の充実をおこなう必要がなくなった。むしろ、かつて労働者・サラリー

マンに与えすぎた「譲歩」を取りもどす動きが生じた。つまり労働規制を緩和し、リストラ、非正規労働者の採用をおこないやすくしたのである。日本では労働者派遣法《はけんほう》が改悪され、今日「新しい労働時間制度」により、残業手当ゼロがめざされている。また、福祉・社会保障を後退させる動きが強まった。累進課税率の緩和、法人税の引き下げなど政府の露骨《ろこつ》な金持ちと企業の優遇《ゆうぐう》政策が導入される一方で、非正規労働者の増大によって企業のコスト削減が企てられた。その結果として、格差社会の強まりとワーキングプアが取りざたされるにいたっている。

テクノロジーの発展がもたらす「豊かな社会」において、富の所在はかたよる。格差社会の拡がりの中で、大多数の人間は、生活の不安、労働の不安、病気の不安、老後の不安に脅《おび》えるにいたった。

コラム 6-5

九九%の反乱——ウォール街占拠運動

ニューヨークのウォール街は、資本主義世界の「金融総本山《きんゆうそうほんざん》」をなす。二〇一一年九月から若者たちが、アメリカの不平等と格差社会の広がりに抗議して、このウォール街の占拠《せんきょ》運動を開始した。アメリカでは「新自由主義」のもと、累進課税率の緩和など露骨《ろこつ》な金持ち優遇策が展開されてきた。

とくに一九八〇年代に入って格差は急速に拡大した。一〇%の上位所得層すなわち大金持ちの国民所得に占めるシェアは、一九七〇年代には三〇-三五%であったのに対して二〇一〇年には五〇%を超えた。その間、上位一%の超大富豪にいたっては、そのシェアは一〇%以下から二五

％近くになり、倍以上に増加した。大企業の重役たちが異常に高い報酬を受け取るようになったのにたいして、国民の圧倒的多数をなす低所得者の所得は低迷した。金持ちには、これに財産の所有から生ずる所得（利子、配当、キャピタルゲインなど）が加わる。こうして一九八〇年代以降、所得のひどい格差拡大が生じたのだ（トマ・ピケティ『21世紀の資本』山形浩生他訳、みすず書房、二〇一四年、三〇二頁以下を参考にした）。

こうした事実に抗議《こうぎ》して若者たちは、〝We are the 99％（われわれは九九％である）〟をスローガンとして、ウォール街占拠運動をおこなった。それは何ら組織的な抗議運動ではなかった。むしろウェッブサイトなどによる呼びかけに応えて集まった若者たちの「草の根」抗議運動である。彼らは、ウォール街近くにあるスコッティ公園を占拠し、テントを貼《は》り、集会をおこない、ウォール街に向かってデモ行進した。資本主義世界の中心の占拠ということもあって、「九九％の反乱」として世界中から注目を集めた。

② 「仁義なき戦い」のはじまり

もはや社会主義はほとんど消滅《しょうめつ》した。だから資本主義諸国は、これに対抗して一致協力する必要はなくなり、自分の国の利益を前面に押し出すにいたった。国家間の経済をめぐる激しい戦いがはじまった。

アメリカは、日本や西欧諸国の急速な経済発展によって、これまでその経済的な地位が相対的に低下してきた。今やその経済的巻き返しをはかる。そのために、自己の軍事技術の民間解放を意味するＩＴ革命を使う。アメリカは、ＩＴ革命の波にのって、一九九〇年代に経済的な巻き返しに成功し、そのゴールデンエイジを築きあげた。反対に日本は「喪《うしな》われた十年」に打ち沈んでいった。

他方ＥＵは、「一九九二年市場統合」によって、関税のみでなく関税以外の貿易の障害すなわち「非関税障壁」を撤廃《てっぱい》して域内《いきない》の単一経済圏を形成した。そして、ついには単一通貨ユーロの導入に踏み切っていったのである。

経済的に停滞した日本を尻目《しりめ》に、アメリカとＥＵは、資本主義世界の二大勢力として拮抗《きっこう》する。

コラム 6-6

インターネットとＧＰＳ

読者は、携帯電話でつながるインターネットが、アメリカによって軍事技術として開発されたものであることを知っているだろうか。冷戦時代アメリカは、核攻撃によって中央通信本部が一挙に壊滅《かいめつ》されるのを避けるために、コンピュータによるネットワークを使った分散型の通信システムを開発した。この軍事技術であるインターネットが、一九九〇年代には民間でも広く使われるようになっていったのである。

東西冷戦終了後アメリカは、経済的な巻き返しのために、次々と軍事技術を民間開放した。ＧＰＳ（Global Positioning System、全地球測定システム）もその一つである。読者は、カーナビの名でGPSをよく知っている。現在アメリカは約三十機の情報通信衛星を使ってGPSサービスをしている。その際軍事用とは異なり、商業用にわざと精度を落として民間開放をしている。全地球をカバーするGPSはアメリカしか持っていない。日本のGPSビジネスもこれを利用したものである。

アメリカに対抗してEUは、二〇〇三年、みずからのGPS網を築《きず》くために「ガリレオ計画」を始動《しどう》させた。最初、民間などから広く資金を集める計画であったが、アメリカによるGPSの利用料金無料化という妨害もあって、採算上の問題から資金集めがうまく行かなくなった。今では計画は、EUの公的資金投入によって続行している。EUは二〇一七年までに二十四機のGPS衛星を軌道に載《の》せる予定である。が、二〇一四年八月、ロシアのロケット（ソユーズST-B）を使っての、五機目と六機目のGPS衛星二機の打ち上げに失敗した。

日本は二〇一〇年になってはじめてGPS衛星「みちびき」を打ちあげることに成功した。そして二〇一四年に入ってようやく二年間でGPS衛星を合計六機から七機打ち上げてアジア地域をカバーする計画をたてている。

† これは経済という名の戦争だ

かつて資本主義諸国の競争は、二つの世界大戦を生み出した。第一次大戦は、植民地の奪《うば》い合いを内容とする帝国主義を原因とした。第二次大戦は、第一次大戦の敗戦国ドイツが奪《うば》われた領土の奪回《だっかい》、さらなる領土拡大をめざしたことを主たる原因とした。このように資本主義先進諸国の競争は、ともすれば戦争に結びつく傾向がある。しかし、核戦争の時代、資本主義諸国の全面的対立は人類の破滅《はめつ》を意味する。それだけに競争は別の形をとる。

グローバリゼーションとは、東西冷戦体制終了後の資本主義の「新たな競争体制」を意味している。国同士の浮沈をめぐる経済競争とならんで、企業による世界を舞台にした、国境を越えた、効率性と利潤獲得つまり金もうけを追求する、より自由な競争が展開されるにいたったのだ。企業の競争は世界を舞台に展開され、それだけに激しい。

冷戦体制終了後、社会主義の側圧を気にすることなく展開される弱肉強食の競争は熾烈《しれつ》である。それは、あたかも経済戦争の様相を呈《てい》する。世界規模で展開される、お金の獲得をめぐる過剰《かじょう》な競争に人間は振りまわされ、エネルギーを消耗《しょうもう》していく。そこでは人間を肥《こ》やしにしつつ、世界的に、増えつづけていくお金の無限の数量運動が展開されていくのだ。経済戦争のもとで、男はみんな「企業戦士」である。今では女の多くも「企業戦士」となっている。

† 地域統合──国家の経済戦争戦略

グローバリゼーションにおけるこの経済戦争に打ち勝つために国家は、「地域統合」に走る。地域統合は、ＦＴＡ（自由貿易協定）やＥＰＡ（経済連携《れんけい》協定）の名で知られている。二国間あるいはまとまった地域の中で、貿易の障害を取り除き、経済交流を深める。そのことによって大きな経済圏をつくることが、その目標だ。少しでも世界を舞台とした経済戦争を有利に展開するためである。地域統合は、グローバリゼーションが本格化した一九九〇年代に急激に増加した。

日本は、少し出遅《でおく》れたが、二〇〇二年に発効《はっこう》したシンガポールとのEPAを皮切《かわき》りに、熱心に地域統合戦略を進めている。読者は、かつて鳩山由紀夫元首相が「東アジア共同体」構想（二〇〇九年）を提起したことを覚えているだろうか。これは「ASEAN＋三（日韓中）」要するに東アジアの諸国を中心とした構想である。これまでASEAN諸国（タイ、インドネシア、マレーシア、フィリピンなどの十か国）を中心にし、これに日本・韓国・中国が加わる形で、東アジアにおける地域統合の話が進められてきた。

アメリカは自分がそこに入っていないことに気を悪くしたようである。そこで二〇一〇年アメリカは、ニュージランドやオーストラリアなどの諸国とともに、自分が中心となるTPP（環太平洋経済連携協定）を打ち出した。これにたいして二〇一三年安倍政府は、TPP交渉に日本が参加する決定をおこなった。かつての「東アジア共同体」構想は、いったいどこに行ったのだろうか。東アジアの諸国の中には、アメリカにすり寄っていく日本に気を悪くしている国があるかも知れない。

† 多国籍企業――企業の経済戦争戦略

グローバリゼーションにおける経済戦争に打ち勝つために、企業や銀行は大型合併再編を進めてきた。かつて日本政府は、日本の都市銀行の数が多すぎるとしてその再編を指示した。しかし笛吹けど踊らずであった。ところがグローバリゼーションは、みずほ、三菱UFJ、三井住友といった三大フィナンシャルグループへのその大型合併再編を、あっと言う間に実現した。

今日とくに注目されるのは、企業の多国籍企業的展開である。企業は、外国の市場を目あてにして工場進出をおこなう。あるいはコスト削減のために低賃金、低法人税のところに進出しようとする。企業は、グローバルな競争を有利に展開するために、世界を舞台にその立地を考えている。

企業のこうした多国籍企業的展開にたいして、各国では、自国から企業が逃げないように、あるいは外国企業を誘致《ゆうち》するために、法人税の引き下げ合戦が生じている。安倍政権は、財政危機のもとで、法人税をさらに二〇％台に引き下げようとしている。これは、多国籍企業が支配する、こうした現実に対応しているのだ。

† 企業は豊かになり、勤労者は貧しくなる

グローバリゼーションにおける経済戦争は、コスト引き下げ合戦を生んだ。とりわけ人件費削減が重視される。人件費削減のこうした努力は、国民所得のうち勤労者の取り分（労働分配率と言う）を減少させる。統計で確認されるが、一九八〇年代以降をとおして日本の労働分配率が低下した。つまり一九八〇年に七五％近くあった日本の労働分配率は長期低落傾向を示し、今や六〇％台をうろうろしている。その反対に企業の取り分そして内部留保が増加した。一九八八年に一〇〇兆円であった日本の企業の内部留保は、二〇〇四年には二〇〇兆円を突破し、二〇一二年には三〇〇兆円を超えた。

にもかかわらず、企業は、利潤・内部留保に少しでも手をつけようとすると烈火《れっか》のごとく怒る。〝海外に逃げるぞ〟と脅《おど》す。脱税さえおこなう。

たとえば、読者は、カリブ海に浮かぶケイマン諸島を知っているだろうか。これは、タックスヘイブン（租税回避地《そぜいかいひち》）である。多国籍企業はケイマン諸島に海外であげた利益を移す。企業と銀行は節税行為と言っているのだが、これは法の網《あみ》を逃《のが》れた脱税行為である。

コラム 6-7

タックスヘイブンとは

よく間違えられるが、タックスヘイブンは、「タックスヘブン（tax heaven、税金天国）」ではない。「tax haven（租税回避地）」なのである。アップルやスターバックスなど世界のほとんどの多国籍企業がタックスヘイブンを「節税」に利用している。タックスヘイブンにはリヒテンシュタイン、モナコ、バハマ、バーレン、ケイマン諸島、リベリアなど多数ある。オフショア市場というものがある。これは、国内の規制や課税方式から免《まぬが》れ、自由な取引がなされる国際金融市場である。これをタックスヘイブンに含めると、世界最大のタックスヘイブンはロンドンだと言われている。

ここで取り上げたケイマン諸島はカリブ海に浮かぶ人口六万人に満たない三つの島からなる。世界には会社設立を代行する弁護士事務所もあり、現地にも行かずに、簡単にペーパーカンパニーをつくることができる。

この島に立っているあるビルディングに入ると、部屋に会社名がずらっと並んでいる。部屋には会社をかけもって番をする人がいる。ケイマン諸島には、このような形でペーパーカンパニーが存在する。

この島に世界中から八万社の企業が登記し、国際投機資本であるヘッジファンドの四分の三以上が拠点《きょてん》を置き、一兆九〇〇〇億ドルの預金が集まっているという（ニコラス・ジャクソン『タックス・ヘイブンの闇』藤井清美訳、朝日新聞社、二〇一三年、三〇頁）。

なお日本銀行の調べによると、二〇一二年末、ケイマン諸島への日本の投資残高は五五兆円で、アメリカに次いで世界第二位であるという。

†利益は世のため人のために使うべきもの

繰り返して確認すると、グローバリゼーションは、冷戦体制終了後の「新しい競争体制」を本質とする。これだけ文明・科学技術の発達した時代において、まるで自然界の掟《おきて》が通用するような、弱肉強食の競争が世界規模で展開される。この競争の前では人権、労働権、生存権といった言葉が空《むな》しく響く。人間は消耗品扱いされ、貧困者、社会的弱者は切り捨ての対象となる。象でさえ外敵が来たら子象など弱者を囲み守ろうとする。われわれ人間はこの象に劣《おと》るにいたった。

こうした非情な競争においてお金とその自己増殖運動が支配している現実にたいして、わたしは、人間が本来の自分の姿を取りもどすべきだと考える。社会の主人公は、お金ではなく、われわれ人間なのだ。経済の目的は、ほんとうは人間の暮らしを豊かにすることにあるのだ。

だからわたしは、たとえ「馬の耳に念仏《ねんぶつ》」と思われても、国民の生活を改善し日本社会をよりよくするために、もうけを使うように企業と経営者に訴《うった》えたい。企業は社会的責任も果たすべきである。

スウェーデンは「福祉国家」の代名詞をなすが、ＥＵの上位所得国で有数の産業国家であることを、読者は知っているだろうか。日本の経営者は、福祉国家を担う責任を果たしつつ（たとえば所得比例年金は企業がほとんどすべて拠出《きょしゅつ》する）国際競争力を失わないように努力するスウェーデンの多くの企業と経営者を、少しでも見習《みなら》って欲しい。この点、企業と経営者は、かつて日本政府の厳しい自動車排出ガス規制の試練《しれん》に耐えて低燃費の車を開発し、自動車で世界をリードするにいたった輝かしい経験を思い出すべきだろう。

またグローバリゼーションにおける、低賃金と低法人税を目当てとした、多国籍企業の行き過ぎた競争は諸国家間の国際協定などによってやめさせなければならない。多国籍企業が世界で自由な金もうけを追求してどんどん「経済空洞化《くうどうか》」をまねいていくことには制限をかけるべきである。少なくとも「企業栄えて国滅ぶ」あるいは「企業栄えて民滅ぶ」ような事態《じたい》が生ずることは避けなければならない。

コラム
6－8

大商人白圭は利を人に与えた

中国の戦国時代に生きた伝説の大商人白圭《はくけい》は、商売で得た利益を人のため社会のために使った。宮城谷昌光氏の創作によりつつ、白圭とその師の会話を記しておきたい。

「商人になられるとか……」

「は、そのつもりでおります」

……

「利の世界で生きようとなさる」

「いえ、仁義の世界で生きるつもりです」

「ほう」

……

「義を買い、仁を売ります。利は人に与えるものだと思っております」

（宮城谷昌光『孟嘗君』第二巻、講談社、一九九五年、一九八－一九九頁）


つまり、白圭は、利益を人のために使うことを主張している。なお、白圭はその後大商人になり、黄河の治水事業に私財を投じて自分の言を実行したという。

第7章　われわれの未来は天国？　地獄？

1　計画経済の敗北と市場経済の失敗

† 社会主義の崩壊と計画経済の敗北

一九八〇年代末から一九九〇年代はじめにかけて旧ソ連、東欧諸国で現実の社会主義（リアルソーシャリズム）が雪崩《なだれ》をうったように崩壊《ほうかい》した。「計画経済の敗北、市場経済の勝利」がうたわれた。確かに官僚が支配し中央計画当局が指令する経済では、驚くほどムダがなされた。たとえばかつて旧ソ連で、カラーテレビを求めて店先に行列ができたが、その一方で売れない白黒テレビが大量に生産されつづけたという話がある。政府統計も信用ができなかった。社会主義と言えば自由のない社会、計画経済といえば非能率的な経済の代名詞のようなものになってしまった。今や社会主義は人々の意識から消えていき、歴史の忘却《ぼうきゃく》の彼方《かなた》に去っていきつつある。隣の中国では共産党政権がくつがえっていない。しかし、中国政府がいくら「社会主義市場経済」を唱《とな》えても、経済の中身はすっかり資本主義に置き換わっている。

コラム 7-1

ソ連最高の理論家ブハーリンの悲劇

社会主義ソ連の建国の父と言えば、言うまでもなくレーニンである。旧ソ連崩壊当時、群衆がレーニンの巨大な銅像を首に縄をかけて引き倒す場面を、テレビが映《うつ》し出していた。旧ソ連における社会主義の崩壊を象徴《しょうちょう》する出来事であった。

ところで旧ソ連で共産党の独裁《どくさい》国家と官僚支配を生み出すことに大きく寄与《きよ》したのはスターリン（一八七八－一九五三年）という人物である。じつはレーニンは、スターリンという男は「粗《そ》暴《ぼう》」だから書記長のポストからはずせと遺言《ゆいごん》している。ところがレーニン死後、スターリンはその後継者をめぐる権力闘争に勝利した。そしてレーニンが自分の後継者と目した人物のほとんどを次から次へと粛清《しゅくせい》し抹殺《まっさつ》していったのである。その中には、レーニンがロシア共産党の最高の理論家として認めたブハーリン（一八八八－一九三八年）という人物もいた。ブハーリンは、逮《たい》捕《ほ》され、裁判で嘘《うそ》の告白をさせられ、一九三八年に「人民の敵」、「ファシストの手先」として銃殺された。処刑される少し前にブハーリンは、自分の潔白《けっぱく》を示す「党指導者の未来の世代」に宛《あ》てた手紙を書き、彼の妻に一字一句暗記させた。そして妻が正しく記憶したかを確かめた後、静かに手紙を燃やした。これがブハーリンの「遺書《いしょ》」として今日残されている（ロイ・A・メドヴェーデフ『失脚から銃殺まで　ブハーリン』石堂清倫訳、三一書房、一九七九年による）。

† もはや中国も資本主義国

大学で中国から来た留学生に聞いてみると、中国では「政治は社会主義、経済は資本主義」という答えがよく返ってくる。中国ではとてつもない金持ち、大富豪《だいふごう》が生まれている。その格差社会は日本よりひどいと言われている。中国でもお金が社会を支配し、人々は金もうけに走っている。金持ちになりたいという子どもたちの願望は日本より強いかも知れない。

金もうけのチャンスを求め、低賃金の労働者を利用するために日本の企業は次から次へと中国に進出した。金もうけのチャンスがあると聞けば、資本の魂《たましい》と根性を持つ企業はどんなところにでも飛んでいく。日本の企業は寄ってたかって中国の高度成長を助けた。そのあげく日本は中国に追い抜かれ、GDP（国内総生産）世界第二位の座を奪《うば》われた。さらには反日運動に襲《おそ》われ、店のガラスを割られ、店内を壊《こわ》された。「愛国無罪」を叫ぶ暴徒《ぼうと》を警官たちは黙って見ている。法治国家をなしてないこの光景を見て日本の経営者たちは、中国がやっぱり同じ資本主義国の仲間とは言えないな、と思ったかも知れない。

EUとの関連で現在の中国の経済状況に触れておこう。EUは二〇一二年に首位をアメリカに譲りわたしたものの、これまで中国の最大の輸出先をなしてきた。だから中国はEUの経済動向の影響をもろに受ける。このEUは二〇一〇年から繰り返しユーロ危機にみまわれてきた。この危機を退治《たいじ》せんとばかり、ドイツの女性首相メルケルの旗振《はたふ》りのもとに、EUで過激《かげき》とも思われる財政赤字削減策が採用された（二〇一三年一月に発効した「新財政協定」）。厳しい財政削減政策をとってきたEUは二〇一二年、二〇一三年と二年連続マイナス成長におちいった。ギリシャ、スペインでは若者の二人に一人が失業者であるという深刻《しんこく》な不況にみまわれている。二〇一四年もEUは景気後退から脱しないだろうと言われている。EUのこの景気後退は、中国をはじめとしたアジア主要国のEUへの輸出の減退をもたらした。これは、最近において中国経済が成長の大幅な減速におちいった理由の一端をなしている。現在の中国では不動産バブルが話題になっている。このバブルが破裂したら、中国への経済依存が高い日本は、深刻《しんこく》な経済的打撃を受けるだろう。

コラム 7-2

ドイツ連邦首相メルケルの拾い物

ドイツ連邦首相メルケルは新自由主義者である。二〇〇五年三月短いあいだではあったが、わたしはドイツにいた。当時ドイツは、「ドイツの苦悩」と言われる深刻な失業に悩んでいた。三月十五日の夜、ホテルのテレビでわたしは、ドイツ連邦大統領ケーラーの演説を聞いた。ケーラーは、大統領としては異例なことに、グローバリゼーションのもとでは従来の「社会国家」（ドイツ独特の福祉国家）が古くなったのであり、自由な経済をめざさなければならないと訴えた。当時野党の党首であったメルケルは、これを熱烈に支持している。

これにたいして、時の政権で連邦首相を勤めていた社会民主党（SPD）のシュレーダーは、「ドイツの苦悩」に対処するために、失業保険制度・労働市場の改革（「ハルツ改革」と言う）をおこなった。改革は失業給付支給の期間と金額を大幅に減らし、また非正規労働者の採用を容易にするものであった。この時メルケルは、新自由主義の観点から、シュレーダーの改革が不十分だと絶えず攻撃《こうげき》していた。

この改革によってシュレーダーは人気を落とし、二〇〇五年九月十八日に実施された連邦議会選挙に敗れ、首相をやめ、議員もやめた。彼の支持基盤をなした労働者から罵声《ばせい》を浴びつつ、さびしく政界から去っていったのであった（参考文献：熊谷徹『ドイツ中興の祖　ゲアハルト・シュレーダー』日経BP社、二〇一四年）。

われわれは、ユーロ危機の折り、ドイツの経済的好調を耳にしてきた。つまりメルケルは、彼女がかつて批判の対象としたシュレーダーの改革の成果（労働コストなどの削減《さくげん》）を享受《きょうじゅ》している。そして新自由主義者としてドイツの均衡財政《きんこうざいせい》をめざし、これを他のEU諸国にも押しつけるのだ。

EUのこの動きを見てわたしは、一九二九年世界恐慌時のアメリカ政府の均衡財政政策を思い出す。ローズベルト大統領のニューディール政策の導入の前には、フーバー大統領が、財政の均衡をめざして緊縮財政を追求した。これが需要を減らし、経済を悪化させ、不況の深刻化に結びついた。

もちろんEUは、全体として、それほど深刻な事態にはいたっていない。しかし、EU諸国は、二年つづきの景気後退にみまわれ、依然《いぜん》としてそれから脱する見通しはない。ギリシャ、スペインなどにおける不況は、経済破壊の過程が進んでいると思えるほど深刻である。メルケル主導型の緊縮財政には、各国国民のあいだで怨嗟《えんさ》の声が広がり、デモも頻発《ひんぱつ》している。

† 市場経済の敗北と新たなバブル

社会主義が崩壊《ほうかい》し、計画経済が敗北した時、世界は資本主義の勝利、市場経済の勝利にわいた。もっとも日本は、ちょうどバブルの崩壊に直面していたから、それどころではなかったかも知れない。日本がその後「喪《うしな》われた十年」に悩んだのにたいして、アメリカはIT（ICT）革命にのり「金融帝国」を築き、経済の繁栄を謳歌《おうか》した。そして二〇〇〇年ITバブルの崩壊にみまわれた。しかしこれに懲《こ》りずに今度は住宅バブルに邁進《まいしん》し、このバブルがはじけて未曾有《みぞう》の国際金融危機に突入していったのだ。アメリカのグリーンスパンという人物は、これを「百年に一度の危機」と呼んだ。じつは彼こそ、二〇〇六年までアメリカのFRB（連邦制度準備理事会）議長を勤め、超低金利政策をとって住宅バブルを引き起こした張本人《ちょうほんにん》であったと言わなければならない。

今や市場経済の敗北が指摘されるにいたった。計画経済も市場経済も敗北したとあっては、どうしようもない。何を信じればいいというのか。経済学の中では、市場の欠陥《けっかん》を指摘したケインズとその政策を見直しする動きも生じた。しかし、各国政府は、新自由主義の罪を問う前に、ひとまず「非常措置《そち》」として景気刺激策をとることにしたのである。

アメリカではオバマ大統領が、二〇〇九年以降毎年一兆ドルを超《こ》える（日本の一般会計予算総額を超える）財政赤字を出す景気刺激策に走った。しかし巨額の財政赤字にも限度がある。これは財政による景気刺激政策に制限を課す。それだけにオバマ政府は、ＦＲＢによる金融の「量的緩和」を頼りにせざるをえなかった。二〇一〇年以降のアメリカの経済成長は一％台から二％台で推移し、景気の目覚しい回復は見られなかった。その中で金融の「量的緩和」は、ドル安とニューヨーク株式市場の株高をもたらしていく。これは日本にとって「超円高」を意味し、日本は「超円高」に苦しまなければならなかった。とうとう日本も「異次元」の金融の「量的緩和」に乗り出し、円安を誘導し、「超円高」を解消した。そして株高をもたらした。

「量的緩和」のもとに、アメリカでも日本でも株価上昇がつづく。これまでわれわれは、バブルがわき上がってはプッチンと潰《つぶ》れる歴史を幾度となく経験してきた。果たして今回はどうなるのだろうか。

コラム 7-3

オバマ大統領の悩み

アメリカの政府債務には法定上限額が課されている。これに突き当たった時、政府は上限の引き上げについて議会と合意する必要がある。二〇一三年におきたアメリカの政治危機は、まだ記憶に新しい。

この年五月政府債務は、一六兆七〇〇〇億ドルという上限に達した。オバマ政府は上限引き上げが認められなければ、新たに借金ができなくなり、予算のやりくりに困る。ところが野党の共和党は、債務上限を引き上げる政府の暫定予算《ざんていよさん》（約一兆ドル規模）を認めなかった。この共和党の抵抗によってオバマ政府は暫定予算をアメリカ議会で通過させることがなかなかできなかった。時間切れとなり、アメリカ政府は新たな借金ができなくなって、政府機関の一部閉鎖に一時追い込まれたのである。国立公園や博物館が閉鎖された。観光施設である「自由の女神」も閉鎖されたという。

その後、共和党が折れ、二〇一三年十月十六日予算が議会を通ることによって深刻な危機は回避された。この日ニューヨーク株式市場は、株価上昇にわいた。

2 「時の流れに身を任せ」というわけにはいかない

そろそろ本書を終える時が近づいている。「われわれの未来は天国？ 地獄？」と本章のタイトルを書いたが、わたしは天国の方に賭《か》けたい。医者は病気をなおすために病気の原因を調べる。本書も社会の病気をなおすために、社会の病根《びょうこん》をえぐり出しているのだ。

† われわれのまわりはおかしなことばかり

街を歩いていると、われわれは随分《ずいぶん》豊かになった、としみじみと思う。立ちならぶビルディング、携帯の画面を見つめて歩いていく若者たち、スタイルのいい車の流れ、豊富な品揃《しなぞろ》えの店先、……家に帰ると電化製品に囲まれた生活が待っている。わたしはきっとノートパソコンを開いて、本書の続きを書きはじめるだろう。その長い人生をとおして戦後の貧しい暮らしの中で育ち、高度成長をとおして生活が激変《げきへん》していくのを目撃《もくげき》し、そして今の生活を味わっている。

読者の多くも、給料が上がらないのに消費税が上がり、物価が上がるばかりと嘆《なげ》きながらも普通の日常生活をつづけるのだろう。そして時々暮らしの改善《かいぜん》を新しい政府に期待しては失望を味わったりする。

こうした世相を見つめながら、本書ではわれわれのまわりにはおかしな話がいっぱい、とあえて述べてきた。読者も、そう言えばと思い当たる節があったり、あるいは普段自分がいだいていた疑問に答えを見出して、そうだったのかと、はたと手を打ったかも知れない。

本書を書き進めてきて、わたしはあまりに世の中のことを暗く描きすぎているのではないかと心配することもあった。しかし、日常生活という川の流れに露出《ろしゅつ》する岩のように、世の中の深層《しんそう》が見えてくるのも事実である。わたしは絶えざる景気循環《じゅんかん》と失業・貧困の苦しみ、繰り返し起きるバブルとその崩壊、非正規労働者とワーキングプアの増加による格差社会の拡大などが生ずる理由を読者に示してきた。

† 資本主義的市場経済に問題あり

わたしは、問題の根本が、資本主義的市場経済における企業間競争がもたらす経済の不確実性にあると思う。この不確実性のもとで、お金が世の中を支配し、お金を増やしつづける際限のない運動が人間を支配している。そしてわれわれは、時々市場の暴走に襲われ、バブルとその破綻《はたん》に悩まされるのである。

これまでわれわれは、市場はすばらしい、市場に任せよという経済学の考えを耳にタコができるほど聞かされてきた。国際金融危機が生じて、たとえこの考えに疑問が少し持たれたとしても、喉《のど》もと過ぎれば熱さを忘れて、この考えをこれからも聞かされることになろう。

本書では、経済学の考えのこうした流れに抗して、資本主義的市場経済のおかしな現象について説明してきた。

資本主義的市場経済における企業間競争を自由にすればするほど、多数の人々は、労働諸条件を引き下げられ、暮らしの悪化に苦しむことになる。労働規制の緩和とは労働諸条件の悪化と同じ意味なのだ。

市場に任せることは、繰《く》り返し生ずる景気循環と不況そして失業増大の作用をよりむき出しにすることを意味する。また、繰り返し生ずるバブルとその崩壊によってわれわれ人類を悩ますことになるのだ。

† 目の前に存在する巨大な世界的不均衡

何よりも悪いことに、われわれの目の前には、すでに資本主義がもたらした巨大な不均衡《ふきんこう》が、壁として立ちふさがっている。とてつもない財政危機もその一つだ。政府は、これまで「市場の失敗」、民間企業・民間銀行の失敗を尻拭《しりぬぐ》いするために巨額の財政赤字をふくらませてきた。

また今日国際通貨ドルの発行特権を持つアメリカが、巨額の財政赤字と貿易収支の赤字の結果、世界最大の借金大国となっている。この「双子の赤字」に応じて垂《た》れ流されるドルは、国際的なマネーゲームと投機の源泉となった。あふれるお金はますます経済の生産実体から離れ、ギャンブルの世界に人間を巻き込んでいく。そして金融規制の緩和《かんわ》による金融自由化のもとで、世界を一大カジノ場と化していく。巨大な世界的な不均衡のもとでお金が世の中を支配している現実は、人間にとって不安な未来を予感させる。経済学は、〝市場に任せよ〟と言う前に、この現実をまず何とかしなければならない。

コラム 7-4

外国為替取引とFX

今日世界の外国為替市場の一日の平均取引高が約五兆ドル（約五〇〇兆円）なのにたいして、世界貿易の一日の平均取引額は約一〇〇〇億ドル（約一〇兆円）にすぎない（二〇一三年）。つまり外国為替取引が貿易取引の約五十倍に達しているのだ。外国為替取引とは、簡単に言えば、たとえばドルを買って円を売るというような、異なる通貨のあいだの売買取引である。その多くは、売買差益を求める投機的取引、すなわちマネーゲームである。

読者も非常にリスクの高いＦＸという名の外貨取引をよく耳にするだろう。このＦＸ取引が東京外国為替市場の六割以上を占めている。このことは、膨大《ぼうだい》なお金が、経済の実体から離れて独り歩きしてマネーゲームを展開し、世界をカジノ化している現実の一端を示している。

†　金はあるところにあり、ないところにない

お金とその無限の自己増殖運動が支配する現実は、これまで本書で示してきたように、お金の存在に大きなかたよりを示してもいる。お金はあるところにあり、ないところにない。お金がなく貧乏に苦しんでいるのは自分の能力のせいだという意見もある。お前の遺伝子のせいだという。だから遺伝子の良い能力のある子どもをエリート教育せよという主張もなされる。これを「社会ダーウィニズム」と言う。どこかで聞いたような話だろう。確かに記憶力の差とか、個人には能力差があることはある。しかし、人間の能力差と思われる現象の多くは、ほんとうは、金持ちと貧乏人という社会的格差のもとで生じた教育を受ける条件の不公平によって生ずる。その結果、貧乏人と貧困層の再生産が生ずる。

お金が支配する世の中でお金がかたよって存在する。労働条件の悪化によってワーキングプアに苦しむ人々がいる。政府による福祉・社会保障の切り下げによっていっそう貧困に苦しむ人々がいる。この事実にたいして、貧乏人が貧乏人の足を引っ張るようなことをしてはいけない。お金の支配によってギスギスし、潤《うるお》いが失われている世の中で、少しでもお互いを助け合うという精神を取りもどすべきではないだろうか。

こんなに科学技術が発展し、世の中に豊かな物質が氾濫《はんらん》する中で、前より貧しくなり、また余裕《よゆう》がなくなり、忙しく走りつづけなければならなくなったと感じる人々は、結構多いのではなかろうか。これはお金が支配する世の中で追求される「経済成長主義」に関連した現象である。またこの経済成長主義こそが地球温暖化をもたらしている。

† くたばれGNP！

高度成長末期の日本で「くたばれGNP」という言葉がはやった。GNPとは国民総生産のことである。そして「くたばれGNP」とは、一九七〇年五月の朝日新聞における連載記事のタイトルであった。高度成長のもとに公害や自然環境破壊が生じ、人間はますます過労に襲《おそ》われるようになった。このような状況にたいして、何のためのGNPか、と問われたのである。これは「経済成長至上《しじょう》主義」にたいする痛烈《つうれつ》な批判であった。

しかし、その後も経済成長主義はつづいていく。とくに第一次石油危機につづいた深刻な不況に直面して、われわれは「何のために」なんて悠長《ゆうちょう》なことは言っていられなくなる。GNPが増えつづけなければ不況になってしまうのである。人間も企業も国もGNPが増えるか増えないかに一喜《いっき》一憂《いちゆう》する。

今日GNPに代わってGDP（国内総生産）という言葉が使われるようになった。しかし言葉が変わっても、経済成長主義の中身には何ら変わりはない。

企業も国も絶えず経済成長を求めて走りつづける。人間はますます早く走らされる。どうして走るのをやめてゆったりとできないのだろうか。その理由は、世の中お金が人間を支配し振りまわしているという事実にある。お金を増やす目標は次から次へと前方に移っていく。資本の自己増殖運動のもとで、お金はあたかも自分の影と競いて走るように増えていく。そして人間はそのお金といっしょに走っていく。このことがあくなき経済成長の追求となってあらわれる。

†経済成長主義はなぜ生ずる

資本の組織であり、資本の魂を担う企業は、もうけを増やすために必死になって売り上げを増やそうとする。じつは企業のこの売り上げの合計がGDPなのだ。売り上げが大きいということはGDPが大きいことを意味する。売り上げが少ないということはGDPが少ないことを意味する。こうして企業の売り上げとGDPは連動する。企業の売り上げの減少はGDPの減少となる。それは景気後退を意味し、企業の業績悪化を意味する。GDP成長率がゼロにならなくても二%から一%に落ちただけでも景気後退となる。だから企業は、売り上げが落ちないように、また景気後退におちいらないように、絶えず経済成長を求めて走りつづけなければならない。

コラム 7-5

GNPとGDP

GNP（国民総生産）とは、毎年生み出される一国の富（財・サービス）の合計を意味する。これは、各企業の売上高の総計から原材料費を差し引いて計算される。というのは、各企業の売上高には、原材料を供給する企業の売り上げがコストとして含まれ、二重計算されていると考えられるからである。

かつて日本の高度成長期などでは、経済成長の指標としてGNPが使われていた（GNP成長率）。

しかし、企業の盛んな海外進出とともに海外であげた利益の国内受け取りが多くなっていく。これは、海外で生み出されたものであるにもかかわらず、統計上GNPに含まれる。他方では、外資系の企業が国内で生産した利益の海外送金分も増えていく。これは、国内で生み出されたものであるにもかかわらず、統計上GNPには含まれない。そこで、このような送金分を差し引きして計算し直し、純粋に国内で毎年生み出される財・サービスの合計をあらわす概念としてGDP（国内総生産）が用いられるようになっていく。

一九九〇年代から、日本では、日本企業の海外進出を考慮し、代表的な経済指標として、GD

Pがもっぱら使われるようになった。つまりGDPが、国内の経済成長の指標としてふさわしいものとして、積極的に活用されるようになった（GDP成長率）。そして、ついには二〇〇〇年に、SNA（内閣府が毎年一回提出する「国民経済計算確報」）からGNPという概念そのものが消滅したのである。

そこでここではGDPに注目して述べると、統計上、GDPは、財・サービスを価格で総計して計算される。そのため、原則として、市場で取引される財・サービスがこれに含まれる。だから、家庭の主婦の料理サービスは、これに含まれない。ところが、レストランの料理サービスは、これに含まれる。したがって主婦が家庭で料理をやめて、家族で外食すればするほど、GDPがふくれあがるという話になる。

わたしは、GDPが必ずしも「豊かさ」を正確に反映したものではないと考える。たとえば、泥棒《どろぼう》は、弁護士と警備保障会社のサービス、また金庫、鍵、警報装置などの財を生む原因となる。だから泥棒が日夜がんばればがんばるほど、GDPがふくれあがるという話になる。また、企業が自然を破壊して財を生産すればするほど、GDPが増える。これにたいして、わたしは、自然破壊が人間にとって大切なものを奪い、やがてはその生存の危機さえまねくと考えるのだ。

† 地球温暖化の起きる理由

自然というものは人間にとって計り知れぬ価値があるものである。だが、企業にとってはこれを黙って見ているだけでは価値がない。自然を加工して、売り物をつくってはじめて価値が出てくる。

そのために自然海岸を削《けず》ったり埋め立てたりして、工業用地をつくる。政府による規制がなければ、よく工場排水、排煙による公害にたいする防止費用をケチッたりする。だからかぎりなき経済成長主義は、自然破壊のプロセスとなる。

企業は、もうけが上がるかぎり、かぎりなく自然を破壊しつづける。極端なことを言えば、企業は地球を壊しつくしても利潤追求をつづける。こうした企業による利潤追求と経済成長主義が地球温暖化をもたらす。また企業がつくり出す車社会とエネルギー多消費社会が地球温暖化ガスを増やす。

これを黙って見ていると人類の生存の危機が生ずる。だから、各国政府は温暖化ガスの削減と規制に着手する。経済学の関連分野でも、地球に優《やさ》しい「持続可能な発展」が取り上げられる。しかし各国政府間の話し合いで、なかなか温暖化ガスの削減目標はまとまらない。資本の魂を担う企業が金もうけを追及しつづけ、国家も景気の方を優先して経済成長を追求しつづけるならば、もうこの先どうなるかわからない。

†　資本主義は歴史的に変化していっている

ところで読者は、企業の利潤追求競争が歴史的に市場経済と資本主義のシステムの根幹《こんかん》を変化させていっている事実を知っているだろうか。資本主義が成立した時は、無数の小さな企業が自由競争をする時代であった。ところが、われわれが目撃しているように、今では少数の大企業が経済を支配している。自由競争が支配する時代から大企業が支配する時代へ資本主義が変化している。

これは歴史的な必然である。弱小企業を打倒していく弱肉強食の企業競争そしてそれが推進する技術革新が、大企業の支配を生み出していく。技術革新は、多くの場合、企業経営に必要な資本量の巨大化をもたらす。巨大高炉《こうろ》によって成り立つ鉄鋼業は大企業でしか運営できない。競争の展開そのものが、自由競争から大企業が支配するシステムへの変化をもたらしたのである。その結果として、計画経済と市場経済という区別が経済の実態に合わなくなるほど、計画的・科学的に大経営の運営する市場経済が出現している。いわば「計画的市場経済」が形成されているのだ。

† われわれは何をなすべきか

しかし、にもかかわらず、計画性は個々の企業内にとどまり、社会全体として市場経済の不確実性が解消されるわけではない。この不確実性のもとで、お金が支配する世の中がつづく。企業において相変わらずお金を増やす運動が、より大規模になってつづいていく。

この事実を前にしてわれわれに必要なのは、規制緩和をして自由競争市場をつくるのをめざすことではない。「計画的市場経済」の可能性を最大限に引き出し、また国家の巨大な経済的力を利用して経済をコントロールすることである。科学技術と生産力の発展が生み出す膨大《ぼうだい》な富を多くの人々が享受できるようにし、その暮らしを豊かにすることである。そのためには、国家による規制によって、果てしのない企業の利潤追求競争とそれがもたらす人件費の抑制競争にブレーキをかけなければならない。

企業には、〝お金をためることに夢中になっているばかりでなく、人々の暮らしをよくするために、社会的責任を果たしなさい〟とはっきりと言わなければならない。われわれは、こうした要請に応えうる良心的な経営者を少しでも増やしていかなければならないのだ。

憲法で保障された国民の「文化的生活」を実現するために、「資本の論理」に人権、生存権、労働権、社会的連帯など「人間の論理」が対置される。労働諸条件の改善、福祉・社会保障の充実が必要となる。そのためには、ヨーロッパの福祉国家の歴史的な経験が参考になるだろう。ここでは日本に合った形にこれを改良して「日本型福祉国家」を実現することが目標となる。

コラム 7-6

福祉国家スウェーデン

最近（二〇一四年九月十八日）にスコットランドの独立の是非を問う住民投票が実施された。スコットランド住民を真二つに分けたこの住民投票は結局独立反対が過半数を制した。わたしは、独立賛成派のある住民がインタビューに答えて、キャメロン英政権の福祉・社会保障削減政策に反対し、スコットランドにおける福祉・社会保障の充実を訴《うった》えていたことに強い印象を受けた。

もう一つ重要な出来事を述べよう。スコットランド問題ほど注目を集めなかったが、スウェーデンの総選挙がこの九月十四日におこなわれ、スウェーデン社会民主労働党（ＳＡＰ）を中核とする野党の中道左派が勝利した。ＳＡＰは、戦前から一九七六年までの四十二年間の長きにわたって、スウェーデンの政権を担当してきた。そして、その間スウェーデン独自の福祉国家を築きあげてきた。その後中道右派の穏健党と交代で政権を担当してきたのである。

スウェーデンでは、自由・平等・人権・連帯という「社会民主主義理念」によって福祉国家が実現された。福祉国家は今では国民のあいだで社会的コンセンサスを得ている。だから政権交代は福祉国家の廃絶《はいぜつ》ではなくその手直しをめぐってなされる。今回の選挙によって誕生したSAPを中核とした新政権が福祉国家をどう充実していくかが注目される。

なおスウェーデンは、福祉国家が経済を停滞させるという日本での宣伝とは異なり、二〇一三年において一人当たりが生み出すGDPは世界第七位である。第十八位のドイツ、第二十四位の日本よりはるかに高い。競争力の高い産業国家を形成しているのである。スウェーデンのこの経済的繁栄の秘密《ひみつ》はなにか。これを探求《たんきゅう》することは、日本の将来にとって参考になるかも知れない。

かつてわたしは、ゼミでスウェーデンを取り上げ、ゼミ生（男子五人、女子五人）にその福祉国家の賛否を問うたことがある。そうすると女子学生全員が賛成、男子学生全員が反対という不思議な結果が得られた。うっかりその理由を一人一人に問いただすことを忘れたのが、今にして悔やまれる。

†　われわれの前に立ちふさがる壁を越えて

不確実性の経済をなし、また「資本の論理」からなる市場経済においては、いろいろおかしな現実が生まれる。そこで国家の役割が重要となる。よく言われているように、やるべきことはムダをなくして国家の経済的な役割を小さくすることではない。ムダをなくして国家の巨大な経済的力がより有効に働くようにすることである。

もちろん言うはやさしい。日本において、われわれの前に、政府の巨額な債務残高と財政危機という非常に厄介《やっかい》な問題が立ちふさがる。雪ダルマ式に増えつづける政府債務残高を見るにつけ、政府が責任逃れして問題を先送りすることは、これ以上許されない。わたしは、安倍政権が大型公共事業に走り、財政支出を増やしているのは、無責任な政策だと思う。

ただその際、わたしは、政府が闇雲《やみくも》に増税と財政削減に走ることも愚策《ぐさく》だと思う。この場合、景気悪化をとおして経済に悪い影響を与え、税収もかえって減り、「またやっちまったね」となりかねない。

また日銀が国債の大半を買いまくって、超インフレを引き起こし、国のいわゆる「借金帳消《ちょうけ》し」によって解決をはかることも許されない。これはインフレによってお金の価値をただの紙切れに近づけて借金を目減《めべ》りさせる方法である。それとともに国民の「虎の子」の預金も目減りし、かぎりなくゼロに近づくことになってしまう。

この問題は難解《なんかい》だ。増税・財政削減をめぐる個々の細かい政策と技術的諸問題の観点からのみ考えると、われわれは自縄自縛《じじょうじばく》と袋小路《ふくろこうじ》におちいってしまうだろう。

† 何を悩むんだ、モノはありあまるほどある

しかし、われわれにとって勇気づけられるのは、今日科学技術と生産力の巨大な発展によって、ありあまるほど富があるということだ。この生産力と富が有効《ゆうこう》に使えたら、本来は少子高齢化が悩ます問題などないはずだ。高齢者もこれまでの経済に貢献した労を報《むく》われ、快適な老後の生活を送れる。先進国におけるわれわれが直面しているのは富の不足ではなく、お金の支配と様々な不均衡《ふきんこう》が、ありあまるほど存在する富を、国民のために有効に使うことを妨げているという事実だ。

こうした認識にもとづきつつ、よくヨーロッパで見られるように、政府と企業と国民が代表を立てて協議し、長期的な基本方針を立てる。この基本方針のもとにわれわれは、長期的な視野にたって財政の改善を模索《もさく》していかなければならないだろう。なお、その際、財政をガラス張りにして国民がコントロールできる仕組みをつくることが重要であるとも述べておく。

とりあえずこれ以上雪ダルマ式に政府債務残高を増やすことを止めるために、たとえば海外で企業があげた利益に課税ができるようにし、法の網を逃れた脱税を防ぐことも有効な解決策の一つかも知れない。

† 「日本型福祉国家」について考えよう

市場経済と資本主義は歴史的に変化していっているのであり、この変化の方向をどう良い方に向けていくかが問われている。わたしの答えは、福祉・社会保障にもっと比重を置くように財政の仕組み

を変えつつ、「資本の論理」に「人間の論理」を対置する「日本型福祉国家」をとりあえず築くことである。福祉国家の利点は、次のことにある。

国民にとって確かに税負担・社会負担は重くなるが、その代わり、大学を含めた教育、医療の負担は、ほとんどないか、きわめて軽くなる。高い教育負担、医療負担に悩む日本の家庭にとって、この利点は大きい。また、教育の機会均等が実現し、どの子どもにも、その努力と能力に応じて働く将来の機会が与えられる。社会的弱者も安心して暮らし、高齢者も老後の第二の人生を楽しむことができる。

企業には「社会的責任」を果たすために応分《おうぶん》な負担が求められる。しかし、他方で、教育・福祉・社会保障の充実は、企業にたいして良質な人材と労働力の確保を保障する。また、健康・スポーツ、余暇関連で新たなビジネス・チャンスを与える。さらに、個人消費の拡大による国内市場の充実は、企業にとってその利点が大きい。

「日本型福祉国家」は、以上のような利点を生かしながら、国際的な経済競争力のある福祉国家を目標とする。それは、もちろん、お金とその増えつづけていく運動の支配を完全に廃絶《はいぜつ》するものではない。むしろ、「資本の論理」に「人間の論理」を対置することによって、人間の労働と生活を改善する方向で、とりあえずお金の支配を制限しようというものである。

この点、読者は、どう考えるだろうか。ここではあえて抽象的《ちゅうしょうてき》なことを言うのにとどめる。読者に自分の頭で考えてもらうためである。

補遺　『21世紀の資本』

――ピケティの本の不思議なベストセラー――

† 突然の「ピケティ現象」

フランスの経済学者トマ・ピケティの著書『21世紀の資本』がベストセラーになっている。アメリカでその英語版が約五十万部売れ、日本でも日本語版（山形浩生他訳、みすず書房、二〇一四年）の販売が十三万部を突破した。ピケティは、この（二〇一五年）一月二十九日に来日し、彼を囲むシンポジウムに参加し、東大で講義をおこなった。ちょっとした「ピケティ現象」が生じている。本書ではピケティに触れていないが、ナカニシヤ出版編集部からの示唆《しさ》もあり、「補遺《ほい》」としてここで『21世紀の資本』に簡単に言及しておこう。

正直な話、本書の脱稿《だっこう》時、またピケティの本の日本語版出版時（二〇一四年十二月）でさえ、わたしはこれを読んでいなかった。ベストセラー本を読むのを通例敬遠するというわたしの読書性癖《せいへき》もあったからである。だから編集部からの示唆を得て、本書初校段階で一週間ほどをかけてピケティの本を読了することになった（わずかに本書のコラム「九九％の反乱」の是正に利用できた）。この読書体験から語ろう。

普通の場合、分量が厚くて内容が堅い本は売れないというのが、日本の出版界の常識だろう。ところが、分量が七百頁を超え、内容もそれほどやさしいとは言えないピケティの本が、この常識を破り、日本でも爆発的に売れている。これは、みすず書房もうれしい誤算《ごさん》であったという不思議な現象であるとさえ言える。

ピケティの本は、もちろん、たいへん優れた本であると思う。その持ち味は、理論というより、十八世紀から現在にいたるまでの歴史の長期的なトレンドを対象としたデータ分析（数値分析と構造分析）にある。ピケティも読者に理論編を飛ばして読んでも構わないと述べている。

通例データ分析書を読むのは大変である。ピケティは大変わかりやすい形にデータを加工し、また文学作品をとおして歴史を語るなど、おもしろく説明する工夫をこらしている。とはいえ、おもしろい叙述ばかりではないので、この分厚い本を読むのに、わたしは非常な忍耐を要した。もちろん、そのデータの歴史的分析に興味を覚えたので、なんとか読みとおせた。読者も、データ分析のおもしろさを感じ取れるならば、この本を読み切ることができるだろう。しかし時々経済学の予備知識も要求されるので、経済学の素人《しろうと》には読むのは少しきついかも知れない。正直に言って、ピケティの本がよくベストセラーになったものだと感心する。

† マルクスとは異なるピケティの発想

本の説明に入ろう。まず『21世紀の資本』というタイトルから、マルクスの『資本論』（原著は『資本』というタイトルである）を思い浮かべるのは見当違いであるとことわっておこう。ピケティはマルクスに言及しているものの、マルクスをきちんと読んでいるのか疑問をいだかせる。たとえば、彼はこう述べている。「マルクスもまた持続的な技術進歩と安定的な生産性上昇の可能性を完全に無視していた」（邦訳、一一頁）。マルクスが技術と生産力の発展から社会主義を展望したことを知っている者にとっては、これは驚くほどマルクス無知を示したものだろう。

また「資本」に関する理解もマルクスと全然違う。ピケティのいう資本とは「資産」のことである。政府、企業、個人の不動産資産、金融資産（銀行預金、債券、株式など）、専門資産（工場、インフラ、機械、特許など）をさしている。だから、資本の合計は、国富とか国民純資産を意味する。フローすなわち毎年生み出される国民所得にたいして、過去に蓄積されてきたストックを意味する。したがって『21世紀の資本』は、資産格差（財産格差と言ってよい）とそれがもたらす所得配分の格差をおもな内容としている。

以上、ピケティのいう資本は、マルクスの「自己増殖する価値（価値結晶としての貨幣）の運動体」としての資本を意味するのではない。また、ミクロ経済学で言う、企業の使う「生産要素」としての資本（資金とか機械）とも違う。さらに、わたしの言う「増えつづけるお金の運動体」としての資本とはまったく異なる。

資本に関するこうした理解の違いは、わたしとピケティの本のアプローチの仕方の相違をもたらす。本書でわたしは、資本における無限のお金の自己増殖運動が、格差拡大を含む資本主義の様々なおかしな現象を生み出していると説明する。それにたいしてピケティは、金持ちに富が集まり、資産と所得の格差が拡大していく歴史的なデータ分析に関心を集める。わたしは、企業社会の問題を論ずるが、ピケティは上位一％、一〇％といった金持ちの問題を論ずる。

† ピケティの理論

ピケティの理論の基本は単純である。ピケティは、国民の資本（資産）と国民所得の比率、すなわち「資本／所得比率」をキーワードとし、これをβという記号であらわす。これと、資本でどれだけ収益を得られるかを意味する「資本収益率」を取り上げ、これをrという記号であらわす。もちろん格差の問題を取り上げるピケティは、国民所得のうち資本から得られる所得（「資本所得」）のシェアに関心をもち、これをαという記号であらわす。そうすると、$\alpha = r \times \beta$という式が成立する。たとえば資本収益率が五％、資本が六〇〇、国民所得が一〇〇ならば、資本所得のシェアは、五％×六〇〇÷一〇〇＝三〇％となる。ピケティは、これを「資本主義の第一基本法則」と言う。

この式から、rが大きく、資産価格の上昇や低経済成長などによってβが上昇する場合には、国民所得のうちの資本所得シェアが増加することがわかる。これは、資本所得シェアは、資本収益率が高く経済成長率が低いと大きいことを示している。このことから、成長率をgとすると、r＞gならば「資本所得格差」が拡大していくという結論が得られる。つまり、非常に単純化した例を用いるならば、今分けるパイが小さくなって、金持ちがその財産のもたらす利益でこれまでとあまり変わらぬパイを受け取るとしよう。そうすれば、ナイフの切るパイの位置が金持ちの取り分の「割合」を増やす方向に移動する。金持ちがこのパイを食べないで人に貸すなどして財産を増やすと、将来もっと多くのパイを受け取り、分け前も大きくなるという話である。この例は、マイナス成長と資本収益率一定の場合のr＞gをあらわす。

ピケティは、r＞gを、その本の要《かなめ》に置いている。彼はr＞gこそ、「資本主義の中心的矛盾」を示すものであるという。しかし、ここで、理論的には、資本収益率より成長率が低い場合には、巨額の資産（財産）をもっている一部の富裕者《ふゆうしゃ》が、国民所得のうちますます多くの所得のシェアを手にし、その資産を増やしていくと言われているにすぎない。またなぜr＞gになるかが理論的に説明されるわけでもない。ピケティは、データによってこの事実を示すだけである。

†ピケティの示すデータの迫力と、本書との主張の違い

以上のように、ピケティの「理論」は単純明快である。この単純明快さがベストセラーになる要件なのかも知れない。理論的なアプローチの仕方の相違もあって、わたしは、ピケティの本では、その理論よりも緻密《ちみつ》な歴史的データ分析に興味を覚えた。そして自分にとって役立つデータも見出したのである。

たとえば、「米国での所得格差 1910－2011年」という図（邦訳、二六頁、三〇三頁）が注目される。これは、わたしが本書を執筆《しっぴつ》するにあたって、欲しいと思っていたグラフデータを提供している。

本書でわたしは、こう主張してきた。一九八〇年代以降、新自由主義の主張にもとづき、各国政府は規制緩和などを推進した。ところが、市場経済の論理がむき出しの形でつらぬかれるほど、労働者・サラリーマンの多くは貧しくなり、格差社会が広がっていく。

ピケティの図は、レーガノミクスによって新自由主義の経済政策が大々的に採用された一九八〇年代からアメリカで急激に格差が拡大した事実を一目瞭然《いちもくりょうぜん》に示している。

ピケティの本は、データ分析にその持ち味がある。そこには事実が示す迫力がある。

ピケティは、データにもとづき、資本所得、これに労働所得をあわせた「総所得」の格差が第一次大戦前にピークに達し（上位一〇％の金持ちが所得の半分ほどを占める）、両世界大戦のショックで急落し、一九七〇年代以降にまた急速的に拡大している事実（U字曲線をなす）を説得的に示している。今日では、戦争による資本破壊、高度成長、相続税・累進課税《るいしんかぜい》強化などの公的政策によって大幅に縮小した格差が、低成長と累進課税の引き下げなどによって、急速に拡大している。その際、「資本所得格差」のみでなく、「労働所得格差」（「賃金格差」）の拡大も注目される。とりわけアメリカでは、大企業の経営者の異常に高額な報酬による労働所得格差が、一九八〇年代以降の格差拡大を特徴づけている。ピケティは、このままつづくと二十一世紀が恐ろしい格差社会となると結論している。

†累進的資本税への提言

ピケティの示すこれにたいする対策は、各国の「銀行情報の自動共有」のもとに（税金逃れを防ぐため）、資本への年次的な累進課税を導入することである。純資産の大きさに応じた累進的資本税の導入であると言ってよい。ピケティは、こうして「二十一世紀のグローバル化した世襲《せしゅう》資本主義」における際限《さいげん》のない格差の拡大を防ごうとする。ピケティは大金持ちには一〇％以上の資本課税率も考えられると言う。

わたしはそれにたいして、本書では「日本型福祉国家」の構築《こうちく》を主張した。ピケティがヨーロッパの福祉国家であるフランスに住んでいるのにたいして、わたしはアメリカ的モデルを模倣《もほう》しようという日本の低福祉社会に住んでいる。理論的な違いに加えて、こうした環境の違いが、本書とピケティの本の力点の置き方の相違としてあらわれているのかも知れない。

あとがき

以前から、中学生、高校生、学生、主婦、労働者・サラリーマン、中高年層、高齢者など一般の人々向けに、本書のようなものを書いてみたいと思っていた。しかしわたしは、元来怠《なま》け者なので、これをいつ書くかはわからなかった。ところがわたしの怠惰《たいだ》な気持ちを吹き飛ばすように、北海道大学での剣道部仲間であった白井信行氏から、本書の出版の提案があった。

それまでわたしは、かつての剣道部仲間の「同期会」で二回ほど経済の話をした。これは割と評判がよかったようである。「同期会」の幹事も今年（二〇一四年）の集まりで、わたしの「講演」の機会をスケジュールに組んでくれた。白井氏の話は、これらにもとづいて本を書いてみないかというものであった。

もちろん「同期会」での話だけでは一冊の本にならない。そこで少しずつ構想をあたためてきた本書を書いてみることにした。大学の夏休みを利用したこともあり、三か月あまりで、全編書き下ろしの本書の草稿を一応書き上げた。原稿を読み返してみて、専門書ばかり書いてきた自分も、意外とこういう仕事が性《しょう》に合っているかもしれないと思った。

本書は、白井氏の提案をきっかけとし、また彼の情熱によって生まれたようなものである。白井氏は、本書の最初の読者でもあった。これはちょっと硬すぎる、これならばおもしろいとアドバイスもしてくれた。自分の仕事を中断して、本書をよりおもしろくする工夫、わかりやすくする方法などの点でも、いろいろ改善案を示してくれた。

他の剣道部同期会仲間もわたしを励《はげ》ましてくれた。仲間たちは、定年となって会社や役所をやめたり、社長になったりしている。彼らのほとんどは、長い会社勤めなどをとおして、わたしよりよく実社会を知っている。こうした彼らが私の話したこと、あるいは書いたものをおもしろがり、ほめてくれたのは、本書を仕上げる上での最高の励ましであった。かつての学生仲間の応援がなかったら、本書は生まれなかったろう。白井氏の提案と情熱がなければ、わたしは今この時点では本書を書かなかったろう。そういう意味で本書は、わたしと友人たちの共同の産物である。

また、わたしの妻も時々挑発《ちょうはつ》して、本書執筆にあたって、わたしを炎と燃え立たせてくれた。彼女は本書で時々安直《あんちょく》に使われるセンスのない「オヤジギャグ」に顔をしかめていた。なお念のために長男の進《すすむ》に、一般読者の目線に立って原稿を読んでもらうことにした。長男は、本書のむずかしいと思われる部分などをチェックしてくれた。本書はこうした検査を受けて一般読者向けの書物として完成し、出版の運びとなったのである。

わたしはこれまで本を何冊か書いてきて、昨今の出版事情は非常に厳《きび》しいと感じている。とくに紙媒体《ばいたい》の本がなかなか売れなくなってきている。このような事情のもとで、本書の出版を引き受けてくださったナカニシヤ出版の中西健夫社長そして第二編集部の石崎雄高氏には、感謝しても感謝しきれない。

マ・ヤ 行

ラ・ワ 行

タ　行

ナ　行

ハ　行

サ　行

事項索引

人名索引

■著者略歴
上条　勇（かみじょう・いさむ）
1949年　北海道に生まれる
1978年　北海道大学大学院経済学研究科博士課程単位取得退学
現　在　金沢大学経済学経営学系教授　経済学博士
著　書　『ヒルファディングと現代資本主義』（梓出版社，1987年）
『民族と民族問題の社会思想史』（梓出版社，1994年）
『グローバリズムの幻影』（梓出版社，2006年）
『ルドルフ・ヒルファディング』（御茶の水書房，2011年）
『文化的民族自治の理論』（金沢大学経済学経営学系叢書18，2015年）
そのほか共著多数

日本を貧しくしないための経済学
――ほんとうにだいじなお金の話――

2015年6月6日　初版第1刷発行

著　者　上条　勇
発行者　中西健夫

発行所　株式会社　ナカニシヤ出版
〒606-8161　京都市左京区一乗寺木ノ本町15
TEL（075）723-0111
FAX（075）723-0095
http://www.nakanishiya.co.jp/

装丁／白沢　正　印刷／製本・亜細亜印刷
＊乱丁本・落丁本はお取り替え致します。
ISBN978-4-7795-0922-3　Printed in Japan

新版・おもしろ経済学史
―歴史を通した現代経済学入門―

山﨑好裕

経済学の歴史を通し、楽しみながら現代経済学の全体像を学ぶ。それぞれの経済理論が、どんな経済学者によって、どんな経済問題に対して開発されたのかが学べる、肩の凝らない読み物的入門書。

二二〇〇円＋税

経済学の知恵〔増補版〕
―現代を生きる経済思想―

山﨑好裕

経済思想のダイナミズムを旅する。スミス、マルクス、ケインズからロールズ、センまで二六人の巨人たちの生涯と思想から、現代経済を捉える思考力を鍛えられる経済思想入門の定番。

二五〇〇円＋税

財政金融政策のマクロ経済学

韓　福相

誰でも経済ニュースや経済現象を理解できるようになることを目指し、難解な専門用語や数式は最小限にした、ゼロから安心してマクロ経済学の仕組みを学べる丁寧な入門テキスト。

二八〇〇円＋税

アダム・スミスの誤謬
―経済神学の手引き―

D・K・フォーリー／亀﨑澄夫・佐藤滋正・中川栄治 訳

経済学の根底にあるスミスの思想の誤りとは何か。スミスをはじめリカードウ、マルクス、ケインズらの理論の検討から、それらが共通して依拠するスミス的な社会観とその限界を明らかにする。

二四〇〇円＋税

＊表示は二〇一五年六月現在の価格です。